W0289632

DR. OETKER

MODE SCHÜTTEL KUCHEN

HIP-HOP-KUCHEN, BLAUE-GRÜTZE-TORTE,
DREI AUF EINEN STREICH...

DR. OETKER

MODE SCHÜTTEL KUCHEN

HIP-HOP-KUCHEN, BLAUE-GRÜTZE-TORTE,
DREI AUF EINEN STREICH...

Dr. Oetker Verlag

Vorwort

„Shake your Cake“. Probieren Sie es doch selbst einmal aus und backen Sie einen Hip-Hop-Kuchen, eine Erdbeer-Käfer-Torte, leckere Schoko-Quadrate oder Exotic-Muffins. Damit überraschen Sie auch die, die bisher mit Ihren Backkünsten nicht zu begeistern waren. Aber wie Sie es gemacht haben, das sollte Ihr Geheimnis bleiben. Denn die Zubereitung der Mode-Schüttel-Kuchen ist unglaublich einfach. Sie brauchen weder Küchenmaschine noch Handrührgerät, sondern nur eine Schüssel mit fest schließendem Deckel und schon kann's losgehen. Alle Rezepte sind – wie gewohnt – leicht nachvollziehbar beschrieben, von Dr. Oetker getestet und machen schon beim Zubereiten Spaß.

Abkürzungen

EL	= Esslöffel
TL	= Teelöffel
Msp.	= Messerspitze
Pck.	= Packung/Päckchen
g	= Gramm
kg	= Kilogramm
ml	= Milliliter
l	= Liter
Min.	= Minuten
evtl.	= eventuell
geh.	= gehäuft
gestr.	= gestrichen
TK	= Tiefkühlprodukt
°C	= Grad Celsius
Ø	= Durchmesser
E	= Eiweiß
F	= Fett
Kh	= Kohlenhydrate
kcal	= Kilokalorien
kJ	= Kilojoule

Hinweise zu den Rezepten

Lesen Sie bitte vor der Zubereitung – besser noch vor dem Einkaufen – das Rezept einmal vollständig durch. Oft werden Arbeitsabläufe oder -zusammenhänge dann klarer.
Die in den Rezepten angegebenen Backtemperaturen und -zeiten sind Richtwerte, die je nach individueller Hitzeleistung des Backofens über- oder unterschritten werden können. Bitte beachten Sie deshalb bei der Einstellung des Backofens die Gebrauchsanweisung des Herstellers und machen Sie nach Beendigung der Backzeit eine Garprobe.

Zubereitungszeiten

Die Zubereitungszeit beinhaltet nur die Zeit für die eigentliche Zubereitung, die Backzeiten sind gesondert ausgewiesen. Längere Wartezeiten, z. B. Kühlzeiten, sind ebenfalls nicht mit einbezogen.

Nougatkranz

Zubereitungszeit: 45 Min., ohne Abkühlzeit
Backzeit: etwa 35 Min.

Insgesamt:
E: 123 g, F: 261 g, Kh: 426 g, kJ: 19689, kcal: 4705

Für den Teig:
- **200 g Weizenmehl**
- **3 gestr. TL Backpulver**
- **125 g Zucker**
- **1 Pck. Vanillin-Zucker**
- **3 Eier (Größe M)**
- **100 ml Speiseöl**
- **100 ml Karottensaft mit Honig und Zitronensaft**

Für die Füllung:
- **250 g Doppelrahm-Frischkäse**
- **250 g Magerquark**
- **1 Becher (200 g) Nuss-Nougat-Creme**

Nach Belieben zum Bestreuen:
- **geraspelte Vollmilchschokolade**

1 Für den Teig Mehl mit Backpulver mischen, in eine verschließbare Schüssel (3-Liter-Inhalt) sieben, mit Zucker und Vanillin-Zucker vermengen. Eier und Karottensaft hinzufügen. Schüssel mit dem Deckel fest verschließen. Mehrmals (insgesamt 15–30 Sekunden) kräftig schütteln, so dass alle Zutaten gut vermischt sind. Alles mit einem Schneebesen oder Rührlöffel nochmals sorgfältig durchrühren, damit vor allem trockene Zutaten vom Rand mit untergerührt werden.

2 Den Teig in eine Kranzform (Ø 22 cm, gefettet, gemehlt) füllen. Die Form auf dem Rost in den Backofen schieben.

Ober-/Unterhitze:
etwa 180 °C (vorgeheizt)
Heißluft: etwa 160 °C
(nicht vorgeheizt)
Gas: Stufe 2–3 (nicht vorgeheizt)
Backzeit: etwa 35 Min.

3 Den Gebäckkranz 10 Minuten in der Form stehen lassen, dann auf einen mit Backpapier belegten Kuchenrost stürzen und erkalten lassen. Gebäckkranz zweimal waagerecht durchschneiden.

4 Für die Füllung Frischkäse, Quark und Nuss-Nougat mit einem Schneebesen gut verrühren. Den unteren Gebäckring auf eine Tortenplatte legen, ein Drittel der Creme darauf streichen. Den zweiten Gebäckring darauf legen, wieder ein Drittel der Creme darauf streichen. Mit dem oberen Gebäckring bedecken.

5 Von der restlichen Creme gut einen Esslöffel in ein Pergamentpapiertütchen füllen, Spitze abschneiden. Den Kranz mit der restlichen Creme bestreichen und mit der Creme aus dem Pergamentpapiertütchen verzieren. Den Kranz nach Belieben mit Schokoladenraspeln bestreuen und kalt stellen.

Hip-Hop-Kuchen

Zubereitungszeit: 45 Min., ohne Abkühlzeit
Backzeit: etwa 50 Min.

Insgesamt:
E: 77 g, F: 205 g, Kh: 508 g, kJ: 18186, kcal: 4345

Für den Teig:

- **250 g Weizenmehl**
- **3 gestr. TL Backpulver**
- **200 g Zucker**
- **1 Pck. Vanillin-Zucker**
- **100 g abgezogene, gemahlene Mandeln**
- **3 Eier (Größe M)**
- **150 g Naturjoghurt**
- **150 g zerlassene, abgekühlte Butter oder Margarine**

- **rote, gelbe, grüne und blaue Speisefarbe**

Für den Guss:

- **100 g gesiebter Puderzucker**
- **1 EL Zitronensaft**
- **gelbe Speisefarbe**

Zum Garnieren:

- **einige Lollis**

1 Für den Teig Mehl mit Backpulver mischen, in eine verschließbare Schüssel (3-Liter-Inhalt) sieben, mit Zucker, Vanillin-Zucker und Mandeln vermengen. Eier, Joghurt und Butter oder Margarine hinzufügen. Schüssel mit dem Deckel fest verschließen.

2 Mehrmals (insgesamt 15–30 Sekunden) kräftig schütteln, so dass alle Zutaten gut vermischt sind. Alles mit einem Schneebesen oder Rührlöffel nochmals sorgfältig durchrühren, damit vor allem trockene Zutaten vom Rand mit untergerührt werden.

3 Den Teig vierteln. Jedes Teigviertel mit je einer Speisefarbe kräftig einfärben (jeweils etwa ½ Tube). Die Teige abwechselnd mit Hilfe eines Esslöffels in eine Springform mit Rohrboden (Ø 24 cm, gefettet, gemehlt) klecksen. Die Form auf dem Rost in den Backofen schieben.

Ober-/Unterhitze:
etwa 180 °C (vorgeheizt)
Heißluft: etwa 160 °C (nicht vorgeheizt)
Gas: Stufe 2–3 (nicht vorgeheizt)
Backzeit: etwa 50 Min.

4 Den Kuchen 10 Minuten in de[r] Form stehen lassen. Dann auf einen mit Backpapier belegten Kuchenrost stürzen. Kuchen erkalten lassen.

5 Für den Guss Puderzucker mit Zitronensaft und Speisefarbe z[u] einer dickflüssigen Masse verrühren. Den Guss über den Kuchen sprenkeln.

6 Zum Garnieren Lollis mit den Stielen in den Kuchen stecken. Guss fest werden lassen.

Aprikosen-Schmand-Kuchen mit Mohnteig

Zubereitungszeit: 35 Min., ohne Kühlzeit
Backzeit: 25–30 Min.

Insgesamt:
E: 73 g, F: 298 g, Kh: 323 g, kJ: 18741, kcal: 4479

Für den Teig:
- **150 g Weizenmehl**
- **1 Pck. Saucen-Pulver Vanille-Geschmack, zum Kochen**
- **3 gestr. TL Backpulver**
- **125 g Zucker**
- **3 Eier (Größe M)**
- **125 g zerlassene, abgekühlte Butter oder Margarine**
- **100 ml Milch**
- **50 g Mohnsamen**

Für die Creme:
- **200 g Schmand (24 % Fett)**
- **75 g Gelierzucker (1:1-Produkt)**
- **250 ml (1/4 l) Schlagsahne**

Für den Belag:
- **350 g reife, aromatische Aprikosen**
- **100 g quadratische Schokowaffeln (z. B. „Afrika" von Bahlsen)**

1 Für den Teig Mehl mit Saucen-Pulver und Backpulver mischen, in eine verschließbare Schüssel (3-Liter-Inhalt) sieben und mit Zucker vermengen. Eier, Butter oder Margarine und Milch hinzufügen. Schüssel mit dem Deckel fest verschließen.

2 Mehrmals (insgesamt 15–30 Sekunden) kräftig schütteln, so dass alle Zutaten gut vermischt sind. Mohnsamen hinzugeben. Alles mit einem Schneebesen oder Rührlöffel nochmals sorgfältig durchrühren, damit vor allem trockene Zutaten vom Rand mit untergerührt werden.

3 Den Teig in eine Springform (Ø 26 cm, Boden gefettet) geben und glatt streichen. Die Form auf dem Rost in den Backofen schieben.

Ober-/Unterhitze:
etwa 180 °C (vorgeheizt)
Heißluft: etwa 160 °C (vorgeheizt)
Gas: Stufe 2–3 (vorgeheizt)
Backzeit: 25–30 Min.

4 Den Gebäckboden aus der Form lösen und auf einem Kuchenrost erkalten lassen. Boden auf eine Platte legen. Einen Tortenring oder den gesäuberten Springformrand darumstellen.

5 Für die Creme Schmand mit Gelierzucker gut verrühren. Sahne steif schlagen und unterheben. Die Creme auf den Boden streichen. Den Kuchen mindestens 2 Stunden kalt stellen. Den Tortenring oder den Springformrand lösen und entfernen.

6 Für den Belag Aprikosen waschen, abtropfen lassen, halbieren, entsteinen und in Spalten schneiden. Den Kuchen vor dem Servieren mit Schokowaffeln und Aprikosenspalten garnieren.

Tipp:
Sie können statt des Schmands auch Crème fraîche verwenden.

Frischer Schüttelkuchen

Zubereitungszeit: 35 Min.
Backzeit: etwa 60 Min.

Insgesamt:
E: 65 g, F: 127 g, Kh: 257 g, kJ: 10385, kcal: 2481

Zum Vorbereiten:

- **1 Dose Fruchtcocktail (Abtropfgewicht 340 g)**

Für den Teig:

- **3 EL (50 g) Weizengrieß**
- **1 gestr. TL Backpulver**
- **125 g Zucker**
- **1 Pck. Vanillin-Zucker**
- **500 g Magerquark**
- **3 Eier (Größe M)**
- **2 EL Zitronensaft**
- **2 EL Cocktailfruchtsaft**
- **125 g zerlassene, abgekühlte Butter oder Margarine**

Nach Belieben zum Bestäuben:

- **Puderzucker**

1 Zum Vorbereiten Fruchtcocktail in einem Sieb abtropfen lassen, den Saft dabei auffangen.

2 Für den Teig Grieß mit Backpulver mischen, in eine verschließbare Schüssel (3-Liter-Inhalt) geben, mit Zucker und Vanillin-Zucker vermengen. Quark, Eier, Zitronen- und Cocktailfruchtsaft und Butter oder Margarine hinzufügen. Schüssel mit dem Deckel fest verschließen.

3 Mehrmals (insgesamt 15–30 Sekunden) kräftig schütteln, so dass alle Zutaten gut vermischt sind. Alles mit einem Schneebesen oder Rührlöffel nochmals sorgfältig durchrühren, damit vor allem trockene Zutaten vom Rand mit untergerührt werden.

4 Den Teig in eine Springform (Ø 26 cm, Boden gefettet) füllen und glatt streichen. Fruchtcocktail gleichmäßig darauf verteilen. Die Form auf dem Rost in den Backofen schieben.

Ober-/Unterhitze:
etwa 180 °C (vorgeheizt)
Heißluft: etwa 160 °C (nicht vorgeheizt)
Gas: Stufe 2–3 (nicht vorgeheizt)
Backzeit: etwa 60 Min.

5 Die Form auf einen Kuchenrost stellen. Kuchen etwas abkühlen lassen. Dann aus der Form lösen und auf einem Kuchenrost erkalten lassen.

6 Den Kuchen am Rand nach Belieben mit Puderzucker bestäuben.

Tipp:
Falls die Oberfläche des Kuchens zu dunkel wird, den Kuchen nach der Hälfte der Backzeit mit Backpapier abdecken.

Fürst-Pückler-Kranz

Zubereitungszeit: 35 Min.
Backzeit: etwa 40 Min.

Insgesamt:
E: 87 g, F: 224 g, Kh: 513 g,
kJ: 19184, kcal: 4583

Für den Teig:
- **350 g Weizenmehl**
- **1 Pck. Backpulver**
- **150 g Zucker**
- **1 Pck. Vanillin-Zucker**
- **4 Eier (Größe M)**
- **175 g zerlassene, abgekühlte Butter oder Margarine**
- **150 ml Milch**

Für den hellen Teig:
- **30 g abgezogene, gemahlene Mandeln**

Für den dunklen Teig:
- **1 Pck. (25 g) Trinkschokoladenpulver**
- **50 g Raspelschokolade**
- **2 EL Milch**

Für den roten Teig:
- **2 EL „Instant"-Getränkepulver Kirsch-Geschmack (z. B. QUENCH®)**
- **30 g Kokosraspel**

1 Für den Teig Mehl mit Backpulver mischen, in eine verschließbare Schüssel (3-Liter-Inhalt) sieben, mit Zucker und Vanillin-Zucker vermengen. Eier, Butter oder Margarine und Milch hinzufügen. Die Schüssel mit dem Deckel fest verschließen.

2 Mehrmals (insgesamt 15–30 Sekunden) kräftig schütteln, so dass alle Zutaten gut vermischt sind. Alles mit einem Schneebesen oder Rührlöffel sorgfältig durchrühren, damit vor allem trockene Zutaten vom Rand mit untergerührt werden. Den Teig in 3 Teile teilen.

3 Für den hellen Teig ein Drittel des Teiges mit den Mandeln verrühren.

4 Für den dunklen Teig ein Drittel des Teiges mit Trinkschokoladenpulver, Raspelschokolade und Milch verrühren.

5 Für den roten Teig den restlichen Teig mit dem Getränkepulver und den Kokosraspeln verrühren.

6 Die 3 Teige abwechselnd in eine Springform mit Rohrboden (Ø 26 cm, gefettet, gemehlt) füllen. Die Form auf dem Rost in den Backofen schieben.

Ober-/Unterhitze:
etwa 180 °C (vorgeheizt)
Heißluft: etwa 160 °C (vorgeheizt)
Gas: Stufe 2–3 (vorgeheizt)
Backzeit: etwa 40 Min.

7 Nach dem Backen den Kuchen in der Form etwa 10 Minuten stehen lassen, auf einen mit Backpapier belegten Kuchenrost stürzen. Kuchen erkalten lassen.

® Registered trademark of Kraft Foods

Geleeblüte

Zubereitungszeit: 40 Min., ohne Abkühlzeit
Backzeit: 25–30 Min.

Insgesamt:
E: 60 g, F: 329 g, Kh: 318 g, kJ: 19521, kcal: 4665

Für den Teig:
- **50 g Weizenmehl**
- **3 gestr. TL Backpulver**
- **125 g Zucker**
- **½ TL gemahlener Zimt**
- **1 Ei (Größe M)**
- **150 g zerlassene, abgekühlte Butter oder Margarine**
- **125 g abgezogene, gemahlene Mandeln**

Für den Belag:
- **50 g Raspelschokolade**
- **400 ml Schlagsahne**
- **2 Pck. Sahnesteif**

Zum Garnieren:
- **100 g Geleefrüchte (z. B. nimm2 Lachgummi)**
- **7 halbierte Ananasscheiben (aus der Dose)**

1 Für den Teig Mehl mit Backpulver mischen, in eine verschließbare Schüssel (3-Liter-Inhalt) sieben, mit Zucker und Zimt vermengen. Ei, Butter oder Margarine und Mandeln hinzufügen. Schüssel mit dem Deckel fest verschließen.

2 Mehrmals (insgesamt 15–30 Sekunden) kräftig schütteln, so dass alle Zutaten gut vermischt sind. Alles mit einem Schneebesen oder Rührlöffel nochmals sorgfältig durchrühren, damit vor allem trockene Zutaten vom Rand mit untergerührt werden.

3 Den Teig in eine Springform (Ø 28 cm, Boden gefettet) füllen. Die Form auf dem Rost in den Backofen schieben.

Ober-/Unterhitze:
etwa 180 °C (vorgeheizt)
Heißluft: etwa 160 °C (vorgeheizt)
Gas: Stufe 2–3 (vorgeheizt)
Backzeit: 25–30 Min.

4 Den Gebäckboden aus der Form lösen und auf einem Kuchenrost erkalten lassen.

5 Den Gebäckboden rundherum so ausschneiden, dass eine Blüte entsteht. Die abgeschnittenen Gebäckreste fein zerbröseln.

6 Für den Belag drei Viertel der Gebäckbrösel mit drei Viertel der Raspelschokolade vermischen. Sahne mit Sahnesteif steif schlagen und unterheben. Halbe Ananasringe als Begrenzung der Blütenblätter auf die Teigblüte legen. Die Füllung auf dem Blütenboden gleichmäßig verteilen.

7 Torte wie eine Blüte mit Geleefrüchten, restlichen Teigbröseln und Raspelschokolade garnieren.

Gefüllter Marmorkuchen

Zubereitungszeit: 45 Min., ohne Abkühlzeit
Backzeit: etwa 40 Min.

Insgesamt:
E: 61 g, F: 199 g, Kh: 367 g, kJ: 15125, kcal: 3613

Für den Teig:

- **200 g Weizenmehl**
- **2 gestr. TL Backpulver**
- **125 g Zucker**
- **3 Eier (Größe M)**
- **125 g zerlassene, abgekühlte Butter oder Margarine**
- **150 g Vanillejoghurt**
- **1 Pck. (25 g) Trinkschokoladenpulver**
- **1 EL Milch**

Für die Füllung:

- **200 ml Milch**
- **1 Pck. Saucenpulver Vanille-Geschmack, zum Kochen**
- **2 EL Zucker**
- **75 g Butter**

1 Für den Teig Mehl mit Backpulver mischen, in eine verschließbare Schüssel (3-Liter-Inhalt) sieben, mit Zucker vermengen. Eier, Butter oder Margarine und Joghurt hinzufügen. Schüssel mit dem Deckel fest verschließen.

2 Mehrmals (insgesamt 15–30 Sekunden) kräftig schütteln, so dass alle Zutaten gut vermischt sind. Alles mit einem Schneebesen oder Rührlöffel nochmals sorgfältig durchrühren, damit vor allem trockene Zutaten vom Rand mit untergerührt werden.

3 Zwei Drittel des Teiges in eine Kastenform (30 x 11 cm, gefettet, gemehlt) füllen. Trinkschokolade und Milch unter den restlichen Teig rühren. Den Schokoladenteig auf dem hellen Teig verteilen. Eine Gabel spiralförmig durch die Teigschichten ziehen, so dass ein Marmormuster entsteht. Die Form auf dem Rost in den Backofen schieben.

Ober-/Unterhitze:
etwa 180 °C (vorgeheizt)
Heißluft: etwa 160 °C
(nicht vorgeheizt)
Gas: Stufe 2–3 (nicht vorgeheizt)
Backzeit: etwa 40 Min.

4 Den Kuchen aus der Form lösen und auf einem Kuchenrost erkalten lassen. Anschließend den Kuchen dreimal längs durchschneiden.

5 Für die Füllung aus Milch, Saucenpulver und Zucker nach Packungsanleitung einen Pudding zubereiten. Die Butter sofort unterrühren. Puddingmasse erkalten lassen, ab und zu umrühren.

6 Die Puddingmasse dritteln (1 Esslöffel davon in ein Pergamentpapiertütchen füllen). Einen Gebäckboden auf eine Tortenplatte legen, einen Teil der Puddingmasse darauf streichen, mit dem zweiten Gebäckboden bedecken, wieder einen Teil der Puddingmasse darauf streichen. Mit dem dritten Gebäckboden bedecken und mit der restlichen Puddingmasse bestreichen. Den letzten Gebäckboden darauf legen.

7 Die Kuchenoberfläche mit der Puddingmasse aus dem Pergamentpapiertütchen (Spitze abschneiden) verzieren.

Johannisbeer-Ring

Zubereitungszeit: 40 Min.
Backzeit: etwa 45 Min.

Insgesamt:
E: 62 g, F: 110 g, Kh: 341 g, kJ: 11335, kcal: 2707

Zum Vorbereiten:

- **150 g Johannisbeeren**
- **100 g Marzipan-Rohmasse**

Für den Teig:

- **150 g Weizenmehl**
- **2 gestr. TL Backpulver**
- **100 g Zucker**
- **1 Pck. Vanillin-Zucker**
- **2 Eier (Größe M)**
- **4 EL Milch**
- **5 EL Speiseöl**
- **100 g Haferflocken**

Für die Form:

- **1 EL Haferflocken**

1 Zum Vorbereiten Johannisbeeren waschen, abtropfen lassen und entstielen. Marzipan-Rohmasse in hauchdünne Scheiben schneiden.

2 Für den Teig Mehl mit Backpulver mischen, in eine verschließbare Schüssel (3-Liter-Inhalt) sieben, mit Zucker und Vanillin-Zucker vermengen. Eier, Milch und Speiseöl hinzufügen. Schüssel mit dem Deckel fest verschließen.

3 Mehrmals (insgesamt 15–30 Sekunden) kräftig schütteln, so dass alle Zutaten gut vermischt sind. Haferflocken hinzugeben. Alles mit einem Schneebesen oder Rührlöffel nochmals sorgfältig durchrühren, damit vor allem trockene Zutaten vom Rand mit untergerührt werden.

4 Den Teig in eine Springform mit Rohrboden (Ø 24 cm, gefettet, mit Haferflocken ausgestreut) füllen und glatt streichen.

5 Johannisbeeren und Marzipanscheiben auf dem Teig verteilen und mit einem Teelöffel unterheben. Die Form auf dem Rost in den Backofen schieben.

Ober-/Unterhitze:
etwa 180 °C (vorgeheizt)
Heißluft: etwa 160 °C
(nicht vorgeheizt)
Gas: Stufe 2–3 (nicht vorgeheizt)
Backzeit: etwa 45 Min.

6 Den Kuchen 10 Minuten in der Form stehen lassen. Dann aus der Form lösen, stürzen und auf einem Kuchenrost erkalten lassen.

Tipp:
Die Marzipan-Rohmasse lässt sich besonders gut in Scheiben schneiden, wenn sie vorher einige Zeit in den Kühlschrank gelegt wurde.

Buttermilchstuten

Zubereitungszeit: 35 Min., ohne Ruhezeit
Backzeit: 50–60 Min.

Insgesamt:
E: 107 g, F: 188 g, Kh: 682 g, kJ: 20887, kcal: 4986

Für den Teig:

- **300 g Weizenmehl**
- **1 Pck. Hefeteig Garant**
- **1 Prise Salz**
- **100 g heller Sirup**
- **75 g zerlassene, abgekühlte Butter oder Margarine**
- **500 ml (1/2 l) Buttermilch**
- **100 g gewürfelter Früchtemix**
- **75 g getrocknete Ananasstücke**
- **75 g Marzipan-Rohmasse**
- **100 g gehackte Haselnusskerne**

1 Für den Teig Mehl in eine verschließbare Schüssel (3-Liter-Inhalt) sieben, mit Hefeteig Garant gut vermischen. Salz, Sirup, Butter oder Margarine und Buttermilch hinzufügen. Schüssel mit dem Deckel fest verschließen.

2 Mehrmals (insgesamt 15–30 Sekunden) kräftig schütteln, so dass alle Zutaten gut vermischt sind. Früchtemix, klein geschnittene Ananasstücke, klein gewürfelte Marzipan-Rohmasse und Haselnusskerne hinzufügen. Alles mit einem Schneebesen oder Rührlöffel nochmals sorgfältig durchrühren, damit vor allem trockene Zutaten vom Rand mit untergerührt werden.

3 Den Teig in eine Kastenform (30 x 11 cm, gefettet, mit Backpapier ausgelegt) füllen. Teig 15 Minuten ruhen lassen. Die Form auf dem Rost in den Backofen schieben.

Ober-/Unterhitze: etwa 180 °C (vorgeheizt)
Heißluft: etwa 160 °C (nicht vorgeheizt)
Gas: Stufe 2–3 (nicht vorgeheizt)
Backzeit: 50–60 Min.

4 Den Stuten etwa 10 Minuten in der Form stehen lassen, dann aus der Form lösen, mit gebackenes Backpapier entfernen. Stuten auf einem Kuchenrost erkalten lassen.

Tipp:
Kann gut vorbereitet werden.
Hält mehrere Tage in einer gut schließenden Dose frisch.
Der Stuten kann auch mit Trockenhefe zubereitet werden, diese dann nach Packungsanleitung zubereiten und den Teig gehen lassen.

Apfel-Aprikosenmus-Kuchen

Zubereitungszeit: 40 Min., ohne Ruhezeit
Backzeit: etwa 35 Min.

Insgesamt:
E: 73 g, F: 101 g, Kh: 707 g, kJ: 17281, kcal: 4133

Für den Teig:

- **300 g Weizenmehl**
- **1 Pck. Hefeteig Garant**
- **75 g Zucker**
- **2 Pck. Vanillin-Zucker**
- **1 TL gemahlener Zimt**
- **75 g zerlassene, abgekühlte Butter oder Margarine**
- **175 ml Buttermilch (Zimmertemperatur)**

Für die Füllung:

- **2 EL Zitronensaft**
- **1 Pck. Saucen-Pulver Vanille-Geschmack**
- **1 Glas Apfel-Aprikosenmus (Einwaage 500 g)**

Zum Bestreichen:

- **3 EL Milch**

Zum Bestreuen:

- **2 EL Zimt-Zucker**

1 Für den Teig Mehl in eine verschließbare Schüssel (3-Liter-Inhalt) sieben, mit Hefeteig Garant sorgfältig vermengen. Zucker, Vanillin-Zucker und Zimt mischen, zusammen mit Butter oder Margarine und Buttermilch hinzufügen. Schüssel mit dem Deckel fest verschließen.

2 Mehrmals (insgesamt 15–30 Sekunden) kräftig schütteln, so dass alle Zutaten gut vermischt sind. Alles mit einem Schneebesen oder Rührlöffel nochmals sorgfältig durchrühren, damit vor allem trockene Zutaten vom Rand mit untergerührt werden. Den Teig gut mit Mehl bestäuben.

3 Die Hälfte des Teiges auf leicht bemehltem Backpapier zu einer runden Platte ausrollen (Ø 28 cm) und aufrollen. Restlichen Teig in eine Springform (Ø 26 cm, Boden gefettet) geben und flach drücken, dabei den Rand etwas hochdrücken.

4 Für die Füllung Zitronensaft mit Saucen-Pulver und etwas von dem Mus verrühren, dann mit dem restlichen Mus verrühren. Die Musmasse auf den Teigboden geben und glatt streichen.

5 Die aufgerollte Teigdecke darauf wieder abrollen und den Rand andrücken. Teigdecke mit einem Holzspieß mehrmals einstechen (damit die Luft entweichen kann), mit Milch bestreichen und mit Zimt-Zucker bestreuen. Den Teig etwa 15 Minuten ruhen lassen.

6 Die Form auf dem Rost in den Backofen schieben.

Ober-/Unterhitze: etwa 200 °C (vorgeheizt)
Heißluft: etwa 180 °C (nicht vorgeheizt)
Gas: Stufe 3–4 (nicht vorgeheizt)
Backzeit: etwa 35 Min.

7 Den Kuchen aus der Form lösen und auf einem Kuchenrost erkalten lassen.

Schokoladen-Birnen-Kuchen

Zubereitungszeit: 40 Min., ohne Abkühlzeit
Backzeit: etwa 45 Min.

Insgesamt:
E: 60 g, F: 144 g, Kh: 446 g, kJ: 14392, kcal: 3442

Für den Teig:
- **1 geh. EL lösliches Kaffeepulver**
- **50 ml heißes Wasser**
- **200 g Weizenmehl**
- **2 gestr. TL Backpulver**
- **100 g Zucker**
- **1 Pck. Bourbon-Vanille-Zucker**
- **3 Eier (Größe M)**
- **100 g zerlassene, abgekühlte Butter oder Margarine**
- **100 ml Schokoladensauce (Fertigprodukt)**

Zum Bestreuen:
- **25 g gemahlene Haselnusskerne**

Für den Belag:
- **4 Birnen (etwa 750 g)**
- **etwas Zitronensaft**

Zum Bestreichen:
- **1 EL Apfelgelee**

Für den Guss:
- **25 g Halbbitter-Kuvertüre**
- **25 g weiße Kuvertüre**

1 Für den Teig Kaffeepulver in dem Wasser auflösen. Mehl mit Backpulver mischen, in eine verschließbare Schüssel (3-Liter-Inhalt) sieben, mit Zucker und Vanille-Zucker vermengen. Eier, Butter oder Margarine und Kaffee hinzufügen. Schüssel mit dem Deckel fest verschließen.

2 Mehrmals (insgesamt 15–30 Sekunden, je nach Menge der Zutaten) kräftig schütteln, so dass alle Zutaten gut vermischt sind. Schokoladensauce hinzufügen, alles mit einem Schneebesen oder Rührlöffel nochmals sorgfältig durchrühren, damit vor allem trockene Zutaten vom Rand mit untergerührt werden.

3 Den Teig in eine Springform (Ø 26 cm, Boden gefettet) füllen und glatt streichen. Teigoberfläche mit Haselnusskernen bestreuen.

4 Für den Belag Birnen schälen, vierteln und entkernen. Oberfläche mit einem scharfen Messer leicht einschneiden und mit Zitronensaft beträufeln. Die Birnen kreisförmig auf den Teig legen. Die Form auf dem Rost in den Backofen schieben.

Ober-/Unterhitze: etwa 180 °C (vorgeheizt)
Heißluft: etwa 160 °C (nicht vorgeheizt)
Gas: Stufe 2–3 (nicht vorgeheizt)
Backzeit: etwa 45 Min.

5 Die Form auf einen Kuchenrost stellen. Zum Bestreichen Apfelgelee erwärmen. Den Kuchen sofort damit bestreichen, aus der Form lösen und auf einem mit Backpapier belegten Kuchenrost erkalten lassen.

6 Für den Guss beide Kuvertüre-Sorten in kleine Stücke hacken, getrennt in einem kleinen Topf im Wasserbad bei schwacher Hitze zu einer geschmeidigen Masse verrühren. Kuvertüre mit Hilfe eines Teelöffels auf dem Kuchen verteilen und fest werden lassen.

Tipp:
Die weiße Kuvertüre auf der Kuchenmitte verteilen, die dunkle Kuvertüre in ein Pergamentpapiertütchen füllen, eine kleine Spitze abschneiden und Ringe auf die weiße Kuvertüre spritzen. Mit einem Holzstäbchen von der Mitte nach außen durch die Kuvertüre ziehen, so dass ein Netzmuster entsteht. Die restliche Kuvertüre im Zick-Zack-Muster auf die Birnen spritzen.

Ananas-Kranzkuchen

Zubereitungszeit: 25 Min.
Backzeit: etwa 50 Min.

Insgesamt:
E: 101 g, F: 290 g, Kh: 641 g, kJ: 24343, kcal: 5815

Zum Vorbereiten:

- **1 Dose Ananasscheiben (Abtropfgewicht 490 g)**

Für die Form:

- **2 EL Butter**
- **2–3 EL brauner Zucker**
- **100 g abgezogene, ganze Mandeln**

Für den Teig:

- **350 g Weizenmehl**
- **1 Pck. Pudding-Pulver Vanille-Geschmack**
- **1 Pck. Backpulver**
- **200 g brauner Zucker**
- **4 Eier (Größe M)**
- **200 g zerlassene, abgekühlte Butter oder Margarine**
- **100 ml Buttermilch**
- **75 g gehackte Zartbitter-schokolade**

1 Zum Vorbereiten Ananasscheiben in einem Sieb abtropfen lassen.

2 Die Ananasscheiben in eine Springform mit Rohrbodeneinsatz (Ø 26 cm, gefettet, mit Zucker ausgestreut) legen. In die Zwischenräume Mandeln streuen.

3 Für den Teig Mehl mit Pudding-Pulver und Backpulver mischen, in eine verschließbare Schüssel (3-Liter-Inhalt) sieben, mit Zucker vermengen. Eier, Butter oder Margarine und Buttermilch hinzufügen. Schüssel mit dem Deckel fest verschließen.

4 Mehrmals (insgesamt 15–30 Sekunden) kräftig schütteln, so dass alle Zutaten gut vermischt sind. Schokolade hinzugeben. Alles mit einem Schneebesen oder Rührlöffel nochmals sorgfältig durchrühren, damit vor allem trockene Zutaten vom Rand mit untergerührt werden.

5 Den Teig in die mit Ananasscheiben und Mandeln ausgelegte Form geben und glatt streichen. Die Form auf dem Rost in den Backofen schieben.

Ober-/Unterhitze:
etwa 180 °C (vorgeheizt)
Heißluft: etwa 160 °C (nicht vorgeheizt)
Gas: Stufe 2–3 (nicht vorgeheizt)
Backzeit: etwa 50 Min.

6 Den Kuchen 10 Minuten in der Form stehen lassen, dann auf einen Kuchenrost stürzen. Kuchen erkalten lassen.

Tipp:
Den Kuchen nach Belieben mit aufgelöster Zartbitterschokolade besprenkeln.

Erdnuss-Griess-Kuchen

Zubereitungszeit: 45 Min., ohne Abkühlzeit
Backzeit: 45–50 Min.

Insgesamt:
E: 94 g, F: 224 g, Kh: 304 g, kJ: 15544, kcal: 3714

Zum Vorbereiten:
- **120 g Butter oder Margarine**
- **100 g stückige Erdnusscreme**
- **60 g flüssiger Honig**
- **2 Erdnussriegel (je 40 g, Mr. Tom)**

Für den Teig:
- **200 g Hartweizengrieß**
- **3 gestr. TL Backpulver**
- **40 g brauner Zucker**
- **3 Eier (Größe M)**
- **125 ml (1/8 l) Milch**

Zum Bestreichen:
- **1 EL flüssiger Honig**

Zum Bestreuen:
- **1/2 Erdnussriegel**

Zum Bestäuben:
- **Puderzucker**

1 Zum Vorbereiten Butter oder Margarine, Erdnusscreme und Honig schmelzen. Die Masse abkühlen lassen. Erdnussriegel fein hacken.

2 Für den Teig Grieß mit Backpulver mischen, in eine verschließbare Schüssel (3-Liter-Inhalt) geben, mit Zucker vermengen. Eier, Fett-Honig-Erdnussmasse und Milch hinzufügen. Schüssel mit dem Deckel fest verschließen.

3 Mehrmals (insgesamt 15–30 Sekunden) kräftig schütteln, so dass alle Zutaten gut vermischt sind. Alles mit einem Schneebesen oder Rührlöffel nochmals sorgfältig durchrühren, damit vor allem trockene Zutaten vom Rand mit untergerührt werden.

4 Den Teig in eine Springform (Ø 20 cm, gefettet) geben und glatt streichen. Die Form auf dem Rost in den Backofen schieben.

Ober-/Unterhitze: etwa 180 °C (vorgeheizt)
Heißluft: etwa 160 °C (nicht vorgeheizt)
Gas: Stufe 2–3 (nicht vorgeheizt)
Backzeit: 45–50 Min.

5 Den Kuchen 10 Minuten in der Form stehen lassen. Dann aus der Form lösen und auf einem Kuchenrost erkalten lassen.

6 Die Kuchenoberfläche mit Honig bestreichen, dabei einen 2 cm breiten Rand frei lassen. Erdnussriegel hacken und auf die mit Honig bestrichene Oberfläche streuen. Den Rand mit Puderzucker bestäuben.

Gestürzter Birnenkuchen

Zubereitungszeit: 55 Min.
Backzeit: 30–35 Min.

Insgesamt:
E: 57 g, F: 139 g, Kh: 511 g,
kJ: 15236, kcal: 3643

Zum Vorbereiten:
- **5 kleine Birnen (700 g)**
- **1 EL Zitronensaft**
- **50 g Butter**
- **150 g Zucker**
- **2 EL Zitronensaft**

- **100 g Walnusskerne**

Für den Teig:
- **250 g Weizenmehl (Type 550)**
- **2 gestr. TL Backpulver**
- **100 g Zucker**
- **1 Prise Salz**
- **3 Eier (Größe M)**
- **6 EL Milch**
- **4 EL Nussöl**
- **3 EL neutrales Speiseöl, z. B. Rapsöl**

1 Zum Vorbereiten Birnen schälen, halbieren, vierteln und entkernen. Birnenviertel mit 1 Esslöffel Zitronensaft beträufeln.

2 Butter, Zucker und Zitronensaft in einem kleinen Topf ohne Deckel 1 Minute kochen lassen. Die Zuckermasse sofort in eine Springform (Ø 26 cm, Boden mit Backpapier belegt) gießen. Birnenviertel und Walnusskerne kreisförmig darauf legen.

3 Für den Teig Mehl mit Backpulver mischen, in eine verschließbare Schüssel (3-Liter-Inhalt) sieben, mit Zucker und Salz vermengen. Eier, Milch, Nuss- und Speiseöl hinzufügen. Schüssel mit dem Deckel fest verschließen.

4 Mehrmals (insgesamt 15–30 Sekunden) kräftig schütteln, so dass alle Zutaten gut vermischt sind. Alles mit einem Schneebesen oder Rührlöffel nochmals sorgfältig durchrühren, damit vor allem trockene Zutaten vom Rand mit untergerührt werden.

5 Den Teig auf die Birnenstücke geben und glatt streichen. Die Form auf dem Rost in den Backofen schieben.

Ober-/Unterhitze:
etwa 180 °C (vorgeheizt)
Heißluft: etwa 160 °C (vorgeheizt)
Gas: Stufe 2–3 (vorgeheizt)
Backzeit: 30–35 Min.

6 Die Form auf einen Kuchenrost stellen. Den Kuchen in der Form etwas abkühlen lassen. Dann aus der Form lösen und auf einen Kuchenrost stürzen. Mitgebackenes Backpapier abziehen. Kuchen erkalten lassen.

Pfirsich-Kokos-Tarte

Zubereitungszeit: 40 Min.
Backzeit: 40–45 Min.

Insgesamt:
E: 53 g, F: 213 g, Kh: 383 g,
kJ: 15835, kcal: 3785

Für den Teig:

- **125 g Weizenmehl**
- **1 gestr. TL Backpulver**
- **50 g Zucker**
- **1 Ei (Größe M)**
- **100 ml Speiseöl**
- **100 ml Naturjoghurt**
- **50 g Kokosraspel**

Für den Belag:

- **1 Dose Pfirsichhälften (Abtropfgewicht 465 g)**

Für den Guss:

- **1 kleine Dose (165 ml) Kokosmilch**
- **2 Eier (Größe M)**
- **50 g Zucker**

Für die Streusel:

- **50 g Weizenmehl**
- **25 g Kokosraspel**
- **50 g Zucker**
- **50 g weiche Butter**

1 Für den Teig Mehl mit Backpulver mischen, in eine verschließbare Schüssel (3-Liter-Inhalt) sieben, mit Zucker mischen. Ei, Speiseöl und Joghurt hinzufügen. Schüssel mit dem Deckel fest verschließen.

2 Mehrmals (insgesamt 15–30 Sekunden) kräftig schütteln, so dass alle Zutaten gut vermischt sind. Kokosraspel hinzugeben. Alles mit einem Schneebesen oder Rührlöffel nochmals sorgfältig durchrühren, damit vor allem trockene Zutaten vom Rand mit untergerührt werden.

3 Den Teig in eine Tarteform (Ø 28 cm, gefettet, gemehlt) füllen und glatt streichen.

4 Für den Belag Pfirsichhälften in einem Sieb gut abtropfen lassen. Pfirsichhälften achteln und kreisförmig auf den Teig legen.

5 Für den Guss Kokosmilch, Eier und Zucker mit einem Schneebesen gut verrühren und auf den Pfirsichachteln verteilen.

6 Für die Streusel Mehl in eine Rührschüssel sieben, mit Kokosraspeln und Zucker mischen, Butter hinzufügen. Die Zutaten mit Handrührgerät mit Rührbesen zu Streuseln von gewünschter Größe verarbeiten. Streusel auf dem Guss verteilen. Die Form auf dem Rost in den Backofen schieben.

Ober-/Unterhitze:
etwa 180 °C (vorgeheizt)
Heißluft: etwa 160 °C
(nicht vorgeheizt)
Gas: Stufe 2–3 (nicht vorgeheizt)
Backzeit: 40–45 Min.

7 Die Form auf einen Kuchenrost stellen. Kuchen abkühlen lassen. Lauwarm oder kalt servieren.

Reiskuchen mit Äpfeln

Zubereitungszeit: 25 Min.
Backzeit: etwa 45 Min.

Insgesamt:
E: 46 g, F: 151 g, Kh: 244 g, kJ: 10949, kcal: 2612

Für den Teig:

- **1 Pck. (125 g) Milchreis Vanille-Geschmack (z. B. Süße Mahlzeit von Dr. Oetker)**
- **50 g Weizenmehl**
- **25 g Speisestärke**
- **1 gestr. TL Backpulver**
- **3 Eier (Größe M)**
- **50 g zerlassene, abgekühlte Butter oder Margarine**
- **250 ml (1/4 l) Schlagsahne**
- **12 Butterkekse**

Für den Belag:

- **1 Glas Apfelkompott (Einwaage 360 g)**
- **2 EL Wild-Preiselbeeren**

1 Für den Teig Milchreis in eine verschließbare Schüssel (3-Liter-Inhalt) geben. Mehl mit Speisestärke und Backpulver mischen, sieben und mit dem Milchreis vermengen. Eier, Butter oder Margarine und Sahne hinzufügen. Schüssel mit dem Deckel fest verschließen.

2 Mehrmals (insgesamt 15–30 Sekunden) kräftig schütteln, so dass alle Zutaten gut vermischt sind. Alles mit einem Schneebesen oder Rührlöffel nochmals sorgfältig durchrühren, damit vor allem trockene Zutaten vom Rand mit untergerührt werden.

3 Die Butterkekse auf dem Boden einer Springform (Ø 26 cm, gefettet) verteilen. Die Teigmischung darauf geben.

4 Für den Belag Apfelkompott mit einem Teelöffel als Kleckse auf den Teig geben.

5 Die Form auf dem Rost in den Backofen schieben.

Ober-/Unterhitze: etwa 180 °C (vorgeheizt)
Heißluft: etwa 160 °C (nicht vorgeheizt)
Gas: Stufe 2–3 (nicht vorgeheizt)
Backzeit: etwa 45 Min.

6 Den Kuchen aus der Form lösen. Auf den Apfelkompottklecks einen Klecks Wild-Preiselbeeren geben. Kuchen auf einem Kuchenrost erkalten lassen.

Haferflocken-Bienenstich

Zubereitungszeit: 55 Min., ohne Abkühlzeit
Backzeit: 25–30 Min.

Insgesamt:
E: 72 g, F: 219 g, Kh: 480 g, kJ: 20791, kcal: 4966

Für den Belag:
- **50 g Butter**
- **100 g Zucker**
- **75 ml Schlagsahne**
- **100 g kernige Haferflocken**

Für den Teig:
- **175 g Weizenmehl**
- **2 gestr. TL Backpulver**
- **75 g Zucker**
- **1 Pck. Vanillin-Zucker**
- **½ Fläschchen Vanille-Aroma**
- **3 Eier (Größe M)**
- **125 g zerlassene, abgekühlte Butter oder Margarine**

Für die Füllung:
- **375 ml (3/8 l) Milch**
- **1 Pck. Pudding-Pulver Sahne-Geschmack**
- **50 g Zucker**
- **100 g weiche Butter**

1 Für den Belag Butter, Zucker und Sahne in einen Topf geben und aufkochen. Haferflocken hinzufügen und nochmals kurz aufkochen lassen. Masse etwas abkühlen lassen.

2 Für den Teig Mehl mit Backpulver in eine verschließbare Schüssel (3-Liter-Inhalt) sieben, mit Zucker und Vanillin-Zucker vermengen, Aroma, Eier und Butter oder Margarine hinzufügen. Die Schüssel mit dem Deckel fest verschließen. Mehrmals (insgesamt 15–30 Sekunden) kräftig schütteln, so dass alle Zutaten gut vermischt sind.

3 Alles mit einem Schneebesen oder Rührlöffel sorgfältig durchrühren, damit vor allem trockene Zutaten vom Rand mit untergerührt werden.

4 Den Teig in eine Springform (Ø 26 cm, Boden gefettet) füllen und glatt streichen. Den Belag vorsichtig mit einem Löffel auf dem Teig verteilen. Die Form auf dem Rost in den Backofen schieben.

Ober-/Unterhitze: etwa 180 °C (vorgeheizt)
Heißluft: etwa 160 °C (vorgeheizt)
Gas: Stufe 2–3 (vorgeheizt)
Backzeit: 25–30 Min.

5 Den Kuchen nach dem Backen aus der Form lösen und auf einem mit Backpapier belegten Kuchenrost erkalten lassen. Den Kuche[n] einmal waagerecht durchschneiden.

6 Für die Füllung aus Milch (abe[r] nur mit 375 ml), Pudding-Pulver und Zucker nach Packungsanlei[tung] einen Pudding zubereiten. Vom der Kochstelle nehmen und die Butter unterrühren. Puddingcreme erkalten lassen, zwischendurch umrühren.

7 Die Puddingcreme auf den unteren Boden streichen. Den oberen Boden in 12 Stücke schneiden und auf der Puddingcreme verteilen. Den Kuchen etwa 1 Stunde kalt stellen.

Trüffelkuchen

Zubereitungszeit: 40 Min., ohne Kühlzeit
Backzeit: etwa 40 Min.

Insgesamt:
E: 93 g, F: 568 g, Kh: 531 g, kJ: 32875, kcal: 7857

Zum Vorbereiten für die Trüffelsahne:

- **500 ml (1/2 l) Schlagsahne**
- **200 g Zartbitterschokolade**

Zum Vorbereiten für den Teig:

- **200 g Halbbitter-Kuvertüre**
- **250 g Butter**
- **1 EL Instant-Espresso-Pulver**

Für den Teig:

- **200 g Weizenmehl**
- **1 Pck. Backpulver**
- **125 g Zucker**
- **1 Ei (Größe M)**
- **1 Pck. Finesse-Bourbon-Vanille-Aroma**
- **100 g ungesalzene, fein gehackte Erdnusskerne**

Zum Garnieren:

- **einige Mini-Trüffel**

Zum Bestäuben:

- **1 EL Kakaopulver**

1 Zum Vorbereiten für die Trüffelsahne Sahne in einem Topf erhitzen. Schokolade in Stücke brechen und unter Rühren in der Sahne auflösen. Die Schokoladenmasse mit Klarsichtfolie zugedeckt über Nacht kalt stellen.

2 Zum Vorbereiten für den Teig Kuvertüre in kleine Stücke hacken, zusammen mit Butter und Espresso-Pulver in einem kleinen Topf im Wasserbad bei schwacher Hitze zu einer geschmeidigen Masse verrühren, etwas abkühlen lassen.

3 Für den Teig Mehl mit Backpulver mischen, in eine verschließbare Schüssel (3-Liter-Inhalt) sieben, mit Zucker vermengen. Ei, Aroma und die Schokoladenmasse hinzufügen. Schüssel mit dem Deckel fest verschließen.

4 Mehrmals (insgesamt 15–30 Sekunden) kräftig schütteln, so dass alle Zutaten gut vermischt sind. Erdnusskerne hinzugeben. Alles mit einem Schneebesen oder Rührlöffel nochmals sorgfältig durchrühren, damit vor allem trockene Zutaten vom Rand mit untergerührt werden.

5 Den Teig in eine Springform (Ø 26 cm, Boden gefettet) füllen und glatt streichen. Die Form au dem Rost in den Backofen schieben.

Ober-/Unterhitze:
etwa 180 °C (vorgeheizt)
Heißluft: etwa 160 °C (nicht vorgeheizt)
Gas: Stufe 2–3 (nicht vorgeheizt)
Backzeit: etwa 40 Min.

6 Den Kuchen aus der Form lösen und auf einem mit Backpapier belegten Kuchenrost erkalten lassen.

7 Trüffelsahne mit Handrührgerät mit Rührbesen steif schla gen. Trüffelsahne auf dem Gebäckboden verteilen und glatt streichen. Auf der Trüffelsahne mit Hilfe einer Gabel ein Gittermuster ziehen. Tort mit den Mini-Trüffeln garnieren. Vc dem Servieren mit Kakao bestäuber

Tipp:
Die aufgelöste Schokoladenmasse au einer Schüssel mit gestoßenem Eis kalt schlagen.

Jelly Belly®-Kuchen

Zubereitungszeit: 35 Min., ohne Abkühlzeit
Backzeit: etwa 50 Min.

Insgesamt:
E: 61 g, F: 126 g, Kh: 562 g, kJ: 15655, kcal: 3740

Für den Teig:

- **200 g Weizenmehl**
- **1 Pck. Pudding-Pulver Himbeer-Geschmack**
- **3 gestr. TL Backpulver**
- **180 g Zucker**
- **1 Pck. Finesse Geriebene Zitronenschale**
- **3 Eier (Größe M)**
- **125 g zerlassene, abgekühlte Butter oder Margarine**
- **150 ml Buttermilch Himbeer-Geschmack**
- **50 g Himbeer Jelly Belly® Beans (Zuckerbohnen mit Geleefüllung), gehackt**

Zum Bestreichen:

- **100 g Himbeergelee**

Zum Garnieren:

- **50 g rosa Marshmallows, gewürfelt**
- **50 g Himbeer Jelly Belly® Beans**

1 Für den Teig Mehl mit Pudding-Pulver und Backpulver mischen, in eine verschließbare Schüssel (3-Liter-Inhalt) sieben, mit Zucker und Zitronenschale vermengen. Eier, Butter oder Margarine und Buttermilch hinzufügen. Schüssel mit dem Deckel fest verschließen.

2 Mehrmals (insgesamt 15–30 Sekunden) kräftig schütteln, so dass alle Zutaten gut vermischt sind. Jelly Belly® Beans hinzugeben. Alles mit einem Schneebesen oder Rührlöffel nochmals sorgfältig durchrühren, damit vor allem trockene Zutaten vom Rand mit untergerührt werden.

3 Den Teig in eine Kastenform (25 x 11 cm, gefettet, gemehlt) geben und glatt streichen. Die Form auf dem Rost in den Backofen schieben.

Ober-/Unterhitze:
etwa 180 °C (vorgeheizt)
Heißluft: etwa 160 °C (nicht vorgeheizt)
Gas: Stufe 2–3 (nicht vorgeheizt)
Backzeit: etwa 50 Min.

4 Den Kuchen etwa 10 Minuten in der Form auf einem Kuchenrost stehen lassen, dann auf einen mit Backpapier belegten Kuchenrost stürzen und lauwarm abkühlen lassen.

5 Zum Bestreichen Gelee in einem kleinen Topf erwärmen. Den lauwarmen Kuchen damit bestreichen, sofort mit Marshmallow-Würfeln bestreuen und etwas andrücken. Mit Jelly Belly® Beans garnieren. Kuchen erkalten lassen. Nach Belieben mit Puderzucker bestäuben.

® Registered trademark of Herman Goelitz, Inc.

Rhabarberkuchen

Zubereitungszeit: 35 Min., ohne Ruhezeit
Backzeit: etwa 28 Min.

Insgesamt:
E: 39 g, F: 51 g, Kh: 322 g, kJ: 8244, kcal: 1968

Für den Teig:
- **200 g Weizenmehl**
- **2 gestr. TL Trockenhefe**
- **50 g Zucker**
- **1 Pck. Vanillin-Zucker**
- **50 g zerlassene, abgekühlte Butter oder Margarine**
- **100 ml warme Milch**
- **1 Eigelb (Größe M)**

Für den Belag:
- **700 g Rhabarber**

Für das Baiser:
- **1 Eiweiß (Größe M)**
- **100 g feiner Zucker**

1 Für den Teig Mehl in eine verschließbare Schüssel (3-Liter-Inhalt) sieben, mit Trockenhefe, Zucker und Vanillin-Zucker mischen. Butter oder Margarine, Milch und Eigelb hinzufügen. Schüssel mit dem Deckel fest verschließen.

2 Mehrmals (insgesamt 15–30 Sekunden) kräftig schütteln, so dass alle Zutaten gut vermischt sind. Alles mit einem Schneebesen oder Rührlöffel nochmals sorgfältig durchrühren, damit vor allem trockene Zutaten vom Rand mit untergerührt werden. Teig mit etwas Mehl bestäuben und zugedeckt etwa 15 Minuten an einem warmen Ort stehen lassen.

3 Den Teig mit einer Teigkarte aus der Schüssel nehmen und in eine Springform (Ø 26 cm, Boden gefettet) füllen und zugedeckt etwa 15 Minuten an einem warmen Ort stehen lassen.

4 Für den Belag Rhabarber putzen, Enden abschneiden, waschen. Stangen in 2–3 cm lange Stücke schneiden. Rhabarberstücke auf dem Teigboden verteilen. Die Form nochmals an einem warmen Ort stehen lassen, bis sich der Teig sichtbar vergrößert hat. Die Form auf dem Rost in den Backofen schieben.

Ober-/Unterhitze:
etwa 180 °C (vorgeheizt)
Heißluft: etwa 160 °C (vorgeheizt)
Gas: Stufe 2–3 (vorgeheizt)
Backzeit: etwa 20 Min.

5 Die Form auf einen Kuchenrost stellen.

6 Für das Baiser Eiweiß mit Handrührgerät mit Rührbesen auf höchster Stufe steif schlagen, der Schnee muss so fest sein, dass ein Messerschnitt sichtbar bleibt. Nach und nach Zucker unterschlagen.

7 Die Baisermasse mit Hilfe eines Esslöffels auf den Rhabarberstücken verteilen. Die Form wieder auf dem Rost in den Backofen schieben.

Ober-/Unterhitze:
200–220 °C (vorgeheizt)
Heißluft: 180–200 °C (vorgeheizt)
Gas: etwa Stufe 4 (vorgeheizt)
Backzeit: etwa 8 Min.

8 Den Kuchen aus der Form lösen und auf einem Kuchenrost erkalten lassen.

Cappuccino-Torte

Zubereitungszeit: 50 Min.,
ohne Kühlzeit
Backzeit: etwa 30 Min.

Insgesamt:
E: 53 g, F: 275 g, Kh: 339 g,
kJ: 17870, kcal: 4271

Für den Teig:

- **150 g Weizenmehl**
- **2 gestr. TL Backpulver**
- **75 g Puderzucker**
- **1 Pck. Instant Cappuccino-Pulver**
- **1 Ei (Größe M)**
- **125 g zerlassene, abgekühlte Butter oder Margarine**
- **150 g Naturjoghurt**
- **50 g gehackte Mokkabohnen**

Für die Füllung:

- **4 EL Kaffeelikör**
- **150 g geschmolzene Eiscreme Cappuccino-Geschmack**
- **400 ml Schlagsahne**
- **2 Pck. Sahnesteif**

Zum Garnieren:

- **50 g gehackte Mokkabohnen**

Zum Bestäuben:

- **1 EL Kakaopulver**
- **1 EL Puderzucker**

1 Für den Teig Mehl, Backpulver, Puderzucker und Instant-Pulver mischen und in eine verschließbare Schüssel (3-Liter-Inhalt) sieben. Ei, Butter oder Margarine und Joghurt hinzufügen. Schüssel mit dem Deckel fest verschließen.

2 Mehrmals (insgesamt 15–30 Sekunden) kräftig schütteln, so dass alle Zutaten gut vermischt sind. Mokkabohnen hinzugeben. Alles mit einem Schneebesen oder Rührlöffel nochmals sorgfältig durchrühren, damit vor allem trockene Zutaten vom Rand mit untergerührt werden.

3 Den Teig in eine Springform (Ø 26 cm, Boden gefettet) füllen. Die Form auf dem Rost in den Backofen schieben.

Ober-/Unterhitze:
etwa 180 °C (vorgeheizt)
Heißluft: etwa 160 °C (vorgeheizt)
Gas: Stufe 2–3 (vorgeheizt)
Backzeit: etwa 30 Min.

4 Den Gebäckboden aus der Form lösen und auf einem Kuchenrost erkalten lassen. Von dem Gebäckboden das obere Drittel (etwa 1 cm) waagerecht abschneiden und fein zerbröseln. Den unteren Gebäckboden auf eine Platte legen.

5 Für die Füllung Gebäckbrösel mit Kaffeelikör vermischen. Die Masse auf dem Gebäckboden gleichmäßig verteilen.

6 Die geschmolzene Eiscreme mit einem Schneebesen glatt rühren. Sahne mit Sahnesteif steif schlagen und unter die Eiscreme heben.

7 Von der Eis-Sahne-Masse mit 2 Teelöffeln kleine Häufchen abnehmen. Diese gleichmäßig auf den Gebäckbröseln verteilen. Torte kalt stellen.

8 Zum Garnieren die Tortenoberfläche mit Mokkabohnen bestreuen und mit Kakao und Puderzucker bestäuben.

Kiwi-Tarte

Zubereitungszeit: 40 Min., ohne Abkühlzeit
Backzeit: etwa 25 Min.

Insgesamt:
E: 51 g, F: 94 g, Kh: 368 g, kJ: 10997, kcal: 2627

Für den Teig:
- **150 g Weizen-Vollkornmehl**
- **100 g Weizenmehl**
- **2 gestr. TL Backpulver**
- **120 g Zucker**
- **1 Prise Salz**
- **2 Eier (Größe M)**
- **8 EL Milch**
- **7 EL Speiseöl**

Für den Belag:
- **6 Kiwis**
- **1 Pck. Tortenguss, klar**
- **2 EL Zucker**
- **250 ml (1/4 l) Apfelsaft**

1 Für den Teig Weizen-Volllkorn- und Weizenmehl mit Backpulver mischen, in eine verschließbare Schüssel (3-Liter-Inhalt) geben, mit Zucker und Salz mischen. Eier, Milch und Speiseöl hinzufügen, Schüssel mit dem Deckel fest verschließen.

2 Mehrmals (insgesamt 15–30 Sekunden) kräftig schütteln, so dass alle Zutaten gut vermischt sind. Alles mit einem Schneebesen oder Rührlöffel nochmals sorgfältig durchrühren, damit vor allem trockene Zutaten vom Rand mit untergerührt werden.

3 Den Teig in eine Springform (Ø 26 cm, Boden gefettet) füllen und glatt streichen. Die Form auf dem Rost in den Backofen schieben.

Ober-/Unterhitze: etwa 180 °C (vorgeheizt)
Heißluft: etwa 160 °C (vorgeheizt)
Gas: Stufe 2–3 (vorgeheizt)
Backzeit: etwa 25 Min.

4 Den Boden aus der Form lösen und auf einem Kuchenrost erkalten lassen.

5 Für den Belag Kiwis schälen, der Länge nach in Spalten schneiden. Kiwispalten blütenförmig auf den Tarteboden legen. Einen Tortenring darumstellen.

6 Für den Guss Tortengusspulver mit Zucker und Apfelsaft nach Packungsanleitung zubereiten. Den Guss von der Mitte aus über die Kiwispalten verteilen. Tarte etwa 1 Stunde kalt stellen.

Kürbis-Apfel-Torte

Zubereitungszeit: 45 Min., ohne Abkühlzeit
Backzeit: etwa 30 Min.

Insgesamt:
E: 48 g, F: 212 g, Kh: 346 g, kJ: 15057, kcal: 3598

Zum Vorbereiten:
- **175 g in Würfel geschnittenes Kürbisfleisch**
- **100 ml Orangensaft**
- **150 g geraspelte Äpfel**
- **1 EL Zitronensaft**

Für den Teig:
- **200 g Weizenmehl**
- **3 gestr. TL Backpulver**
- **125 g Zucker**
- **1 Pck. Vanillin-Zucker**
- **2 Eier (Größe M)**
- **125 g zerlassene, abgekühlte Butter oder Margarine**
- **100 ml Schlagsahne**

Für den Belag:
- **200 ml Schlagsahne**
- **1 Pck. Sahnesteif**
- **1 EL gesiebter Puderzucker**

Zum Verzieren:
- **1 EL Himbeer- oder Johannisbeergelee**

1 Zum Vorbereiten Kürbisfleisch in einen Topf geben, unter Rühren mit dem Orangensaft aufkochen und 2–3 Minuten kochen lassen. Geraspelte Äpfel mit Zitronensaft vermischen und unterrühren. Die Fruchtmasse erkalten lassen.

2 Für den Teig Mehl mit Backpulver mischen, in eine verschließbare Schüssel (3-Liter-Inhalt) sieben, mit Zucker und Vanillin-Zucker vermengen. Eier, Butter oder Margarine und Sahne hinzufügen. Schüssel mit dem Deckel fest verschließen.

3 Mehrmals (insgesamt 15–30 Sekunden) kräftig schütteln, so dass alle Zutaten gut vermischt sind. Alles mit einem Schneebesen oder Rührlöffel nochmals sorgfältig durchrühren, damit vor allem trockene Zutaten vom Rand mit untergerührt werden.

4 Die Hälfte der Fruchtmasse unter den Teig heben. Den Teig in eine Springform (Ø 26 cm, Boden gefettet) füllen. Die Form auf dem Rost in den Backofen schieben.

Ober-/Unterhitze: etwa 180 °C (vorgeheizt)
Heißluft: etwa 160 °C (vorgeheizt)
Gas: Stufe 2–3 (vorgeheizt)
Backzeit: etwa 30 Min.

5 Den Kuchen aus der Form lösen, auf einen mit Backpapier belegten Kuchenrost legen und erkalten lassen. Den Kuchen auf eine Tortenplatte legen.

6 Für den Belag Sahne mit Sahnesteif und Puderzucker steif schlagen, restliche Fruchtmasse unterheben und auf den Kuchen streichen.

7 Zum Verzieren Gelee in einem kleinen Topf zum Kochen bringen. Die Tortenoberfläche mit Hilfe eines Teelöffels mit dem Gelee verzieren. Torte 1–2 Stunden kalt stellen.

Erdbeer-Käfer-Torte

Zubereitungszeit: 55 Min., ohne Kühlzeit
Backzeit: etwa 30 Min.

Insgesamt:
E: 75 g, F: 347 g, Kh: 338 g, kJ: 20712, kcal: 4948

Für den Teig:
- **150 g Weizenmehl**
- **3 gestr. TL Backpulver**
- **1 Pck. Saucen-Pulver Vanille-Geschmack**
- **100 g Zucker**
- **4 Eier (Größe M)**
- **150 g zerlassene, abgekühlte Butter**

Für den Belag:
- **250 g frische oder TK-Erdbeeren**
- **1 EL Zucker**
- **1 Pck. Tortenguss, rot**

Für die Mohnsahne:
- **500 ml (1/2 l) Schlagsahne**
- **1 Pck. Sahnesteif**
- **1 Pck. Finesse Bourbon-Vanille-Aroma**
- **2 TL gesiebter Puderzucker**
- **2–3 EL Mohnsamen**

Zum Garnieren:
- **250 g frische Erdbeeren**

Zum Verzieren:
- **50 g Halbbitter-Kuvertüre**

1 Für den Teig Mehl mit Backpulver und Saucen-Pulver mischen, in eine verschließbare Schüssel (3-Liter-Inhalt) sieben, mit Zucker vermengen. Eier und Butter oder Margarine hinzufügen. Schüssel mit dem Deckel fest verschließen.

2 Mehrmals (insgesamt 15–30 Sekunden) kräftig schütteln, so dass alle Zutaten gut vermischt sind. Alles mit einem Schneebesen oder Rührlöffel nochmals sorgfältig durchrühren, damit vor allem trockene Zutaten vom Rand mit untergerührt werden.

3 Den Teig in eine Springform (Ø 26 cm, Boden gefettet) füllen und glatt streichen. Die Form auf dem Rost in den Backofen schieben.

Ober-/Unterhitze:
etwa 180 °C (vorgeheizt)
Heißluft: etwa 160 °C (vorgeheizt)
Gas: Stufe 2–3 (vorgeheizt)
Backzeit: etwa 30 Min.

4 Den Tortenboden aus der Form lösen und auf einem mit Backpapier belegten Kuchenrost erkalten lassen.

5 Für den Belag Erdbeeren waschen, abtropfen lassen, entstielen (TK-Erdbeeren auftauen lassen) und pürieren. Erdbeerpüree in einen Topf geben und mit Zucker und Tortengusspulver verrühren. Unter Rühren einmal aufkochen lassen. Die Erdbeermasse auf dem Tortenboden verteilen, kalt stellen.

6 Für die Mohnsahne Sahne mit Sahnesteif, Aroma und Puderzucker steif schlagen. Mohnsamen unterheben. Die Mohn-Sahne-Masse in einen Spritzbeutel mit Lochtülle füllen. Sahnetuffs auf die Erdbeermasse spritzen.

7 Zum Garnieren Erdbeeren waschen, abtropfen lassen und entstielen. Große Erdbeeren halbieren.

8 Zum Verzieren Kuvertüre in kleine Stücke hacken, in einem kleinen Topf im Wasserbad bei schwacher Hitze zu einer geschmeidigen Masse verrühren, in einen Gefrierbeutel füllen und eine Ecke abschneiden.

9 Mit der „Spritztüte" Augen und Flügel auf die Erdbeerhälften spritzen. Diese „Käfer" auf die Sahnetuffs legen.

Murmeltorte

Zubereitungszeit: 50 Min., ohne Kühlzeit
Backzeit: etwa 25 Min.

Insgesamt:
E: 36 g, F: 128 g, Kh: 400 g, kJ: 12583, kcal: 3007

Für den Teig:
- **150 g Weizenmehl**
- **2 gestr. TL Backpulver**
- **75 g Zucker**
- **1 Ei (Größe M)**
- **100 ml Speiseöl**
- **150 g Rahmjoghurt**

Für die Füllung:
- **½ Netzmelone**
- **75 ml klarer Apfelsaft**
- **1 Pck. Dessert-Sauce Vanille-Geschmack, ohne Kochen**

Für den Belag:
- **1 Beutel aus 1 Pck. Götterspeise Himbeer-Geschmack**
- **400 ml Apfelsaft**
- **75 g Zucker**
- **125 g kernlose, grüne Weintrauben**
- **75 g rote Johannisbeeren**

1 Für den Teig Mehl mit Backpulver mischen, in eine verschließbare Schüssel (3-Liter-Inhalt) sieben, mit Zucker vermengen. Ei, Speiseöl und Joghurt hinzufügen. Schüssel mit dem Deckel fest verschließen.

2 Mehrmals (insgesamt 15–30 Sekunden) kräftig schütteln, so dass alle Zutaten gut vermischt sind. Alles mit einem Schneebesen oder Rührlöffel nochmals sorgfältig durchrühren, damit vor allem trockene Zutaten vom Rand mit untergerührt werden.

3 Den Teig in eine Springform (Ø 26 cm, Boden gefettet) füllen. Die Form auf dem Rost in den Backofen schieben.

Ober-/Unterhitze:
etwa 180 °C (vorgeheizt)
Heißluft: etwa 160 °C (vorgeheizt)
Gas: Stufe 2–3 (vorgeheizt)
Backzeit: etwa 25 Min.

4 Den Gebäckboden aus der Form lösen und auf einem mit Backpapier belegten Kuchenrost erkalten lassen. Gebäckboden einmal waagerecht durchschneiden. Den unteren Gebäckboden auf eine Tortenplatte legen.

5 Für die Füllung Melone durchschneiden, entkernen, kleine Kugeln ausstechen. Die Melonenkugeln beiseite stellen. Restliches Fruchtfleisch herauslösen und mit einer Gabel zerdrücken (etwa 80 g). Apfelsaft mit dem Fruchtpüree in eine Schüssel geben. Dessert-Saucenpulver nach Packungsanleitung unterrühren. Die Fruchtmasse auf den unteren Boden streichen. Den oberen Boden darauf legen. Einen Tortenring oder den gesäuberten Springformrand darumstellen.

6 Für den Belag Götterspeise nach Packungsanleitung mit den angegebenen Zutaten zubereiten und kalt stellen.

7 Weintrauben und Johannisbeeren waschen, abtropfen lassen, entstielen und mit den Melonenkugeln mischen. Wenn die Götterspeise anfängt dicklich zu werden, Früchte unterheben. Die Fruchtmasse sofort auf dem Boden verteilen.

8 Die Torte 2 Stunden kalt stellen. Vor dem Servieren den Tortenring oder Springformrand mit Hilfe eines Messers lösen und entfernen.

Tipp:
Die Fruchtmasse kann statt mit Götterspeise auch mit 2 Päckchen rotem Tortenguss, 75 g Zucker und 400 ml Apfelsaft zubereitet werden.

Amarettini-Torte

Zubereitungszeit: 55 Min., ohne Kühlzeit
Backzeit: 15–20 Min.

Insgesamt:
E: 68 g, F: 218 g, Kh: 394 g, kJ: 16436, kcal: 3921

Für den Teig:

- **175 g Weizenmehl**
- **2 gestr. TL Backpulver**
- **75 g Zucker**
- **1 Pck. Amaretto-Bittermandel-Aroma**
- **3 Eier (Größe M)**
- **100 ml Speiseöl**
- **100 ml Schlagsahne**

Für den Belag:

- **100 g Amarettini, ohne Hagelzucker (italienisches Mandelgebäck)**

Für die Füllung:

- **1 Pck. Pudding-Pulver Mandel-Geschmack**
- **400 ml Milch**
- **2 EL Zucker**
- **1 Becher (150 g) Crème fraîche**

Zum Bestreichen:

- **2 EL Aprikosenkonfitüre**

Zum Bestäuben:

- **Puderzucker**
- **Kakaopulver**

1 Für den Teig Mehl mit Backpulver mischen, in eine verschließbare Schüssel (3-Liter-Inhalt) sieben, mit Zucker vermengen. Aroma, Eier, Speiseöl und Sahne hinzufügen. Schüssel mit dem Deckel fest verschließen.

2 Mehrmals (insgesamt 15–30 Sekunden) kräftig schütteln, so dass alle Zutaten gut vermischt sind. Alles mit einem Schneebesen oder Rührlöffel nochmals sorgfältig durchrühren, damit vor allem trockene Zutaten vom Rand mit untergerührt werden.

3 Den Teig auf ein Backblech (20 x 40 cm, gefettet) geben und glatt streichen, evtl. einen Backrahmen darumstellen oder einen mehrfach geknickten Streifen Alufolie vor den Teig legen. Die Amarettini darauf verteilen. Das Backblech in den Backofen schieben.

Ober-/Unterhitze: etwa 180 °C (vorgeheizt)
Heißluft: etwa 160 °C (vorgeheizt)
Gas: Stufe 2–3 (vorgeheizt)
Backzeit: 15–20 Min.

4 Das Backblech auf einen Kuchenrost stellen. Kuchen erkalten lassen und vom Backblech lösen. Den Kuchen so halbieren, dass 2 Quadrate (20 x 20 cm) entstehen.

5 Für die Füllung nach Packungsanleitung mit den angegebenen Zutaten einen Pudding zubereiten. Crème fraîche unter den heißen Pudding rühren und abkühlen lassen, ab und zu umrühren.

6 Eine Kuchenhälfte auf eine Platte (Amarettini müssen oben liegen) legen und mit Konfitüre bestreichen. Die Puddingmasse darauf verteilen, mit der zweiten Kuchenhälfte (Amarettini müssen oben liegen) bedecken. Die Torte etwa 1 Stunde kalt stellen.

7 Die Torte vor dem Servieren mit Puderzucker und Kakao bestäuben.

Erdbeer-Schmand-Torte

Zubereitungszeit: 30 Min., ohne Abkühlzeit
Backzeit: etwa 25 Min.

Insgesamt:
E: 57 g, F: 186 g, Kh: 329 g, kJ: 13976, kcal: 3341

Für den Teig:

- **170 g Weizenmehl**
- **2 gestr. TL Backpulver**
- **80 g Zucker**
- **2 Eier (Größe M)**
- **80 g zerlassene, abgekühlte Butter oder Margarine**
- **6 EL Buttermilch**

Für den Belag:

- **500 g Schmand (24 % Fett)**
- **1 Pck. Bourbon-Vanille-Zucker**
- **1 EL Zucker**
- **500 g Erdbeeren**

Für den Guss:

- **1 Pck. Tortenguss, klar**
- **250 ml (1/4 l) Maracujanektar oder Orangensaft**
- **2–3 EL Zucker**

1 Für den Teig Mehl mit Backpulver mischen, in eine verschließbare Schüssel (3-Liter-Inhalt) sieben, mit Zucker vermengen. Eier, Butter oder Margarine und Buttermilch hinzufügen. Schüssel mit dem Deckel fest verschließen.

2 Mehrmals (insgesamt 15–30 Sekunden) kräftig schütteln, so dass alle Zutaten gut vermischt sind. Alles mit einem Schneebesen oder Rührlöffel nochmals sorgfältig durchrühren, damit vor allem trockene Zutaten vom Rand mit untergerührt werden.

3 Den Teig in eine Springform (Ø 26 cm, Boden gefettet) geben und glatt streichen. Die Form auf dem Rost in den Backofen schieben.

Ober-/Unterhitze: etwa 180 °C (vorgeheizt)
Heißluft: etwa 160 °C (vorgeheizt)
Gas: Stufe 2–3 (vorgeheizt)
Backzeit: etwa 25 Min.

4 Den Gebäckboden aus der Form lösen und auf einen Kuchenrost legen, etwas abkühlen lassen.

5 Für den Belag Schmand, Vanille-Zucker und Zucker verrühren. Den etwas abgekühlten Gebäckboden damit bestreichen und vollständig erkalten lassen.

6 Erdbeeren waschen, abtropfen lassen, entstielen und in Scheiben schneiden. Erdbeerscheiben dachziegelartig auf den Schmandbelag legen.

7 Für den Guss Tortengusspulver mit Maracujanektar oder Orangensaft und Zucker nach Packungsanleitung zubereiten. Den Guss von der Mitte aus auf den Erdbeerscheiben verteilen. Den Kuchen etwa 1 Stunde kalt stellen.

Blaue-Grütze-Torte

Zubereitungszeit: 30 Min., ohne Abkühlzeit
Backzeit: etwa 25 Min.

Insgesamt:
E: 60 g, F: 195 g, Kh: 461 g, kJ: 16580, kcal: 3963

Für den Teig:

- **200 g Weizenmehl**
- **3 gestr. TL Backpulver**
- **100 g Zucker**
- **2 Pck. Vanillin-Zucker**
- **3 Eier (Größe M)**
- **100 g zerlassene, abgekühlte Butter oder Margarine**
- **100 ml Milch**

Für die Füllung:

- **2 geh. EL Heidelbeer-konfitüre**

Für den Belag:

- **150 g Mascarpone (italienischer Frischkäse)**
- **1 Pck. Vanillin-Zucker**
- **2 Pck. Tortenguss, klar**
- **350 ml Apfelsaft**
- **50 g Zucker**
- **300 g verlesene Heidelbeeren**

Zum Verzieren:

- **50 g Mascarpone (italienischer Frischkäse)**
- **1 TL Zucker**
- **1 EL Milch**

1 Für den Teig Mehl mit Backpulver mischen, in eine verschließbare Schüssel (3-Liter-Inhalt) sieben, mit Zucker und Vanillin-Zucker vermengen. Eier, Butter oder Margarine und Milch hinzufügen. Schüssel mit dem Deckel fest verschließen.

2 Mehrmals (insgesamt 15–30 Sekunden) kräftig schütteln, so dass alle Zutaten gut vermischt sind. Alles mit einem Schneebesen oder Rührlöffel nochmals sorgfältig durchrühren, damit vor allem trockene Zutaten vom Rand mit untergerührt werden.

3 Den Teig in eine Springform (Ø 26 cm, Boden gefettet) füllen und glatt streichen. Die Form auf dem Rost in den Backofen schieben.

Ober-/Unterhitze:
etwa 180 °C (vorgeheizt)
Heißluft: etwa 160 °C (vorgeheizt)
Gas: Stufe 2–3 (vorgeheizt)
Backzeit: etwa 25 Min.

4 Den Gebäckboden aus der Form lösen und auf einem mit Backpapier belegten Kuchenrost erkalten lassen. Den Boden einmal waagerecht durchschneiden. Den unteren Boden auf eine Tortenplatte legen und mit Konfitüre bestreichen. Den oberen Boden darauf legen und leicht andrücken.

5 Für den Belag Mascarpone mit Vanillin-Zucker verrühren. Die Creme bergartig auf den Boden streichen, dabei etwa 1 cm am Rand frei lassen. Einen Tortenring oder den gesäuberten Springformrand darum stellen.

6 Aus Tortengusspulver, Apfelsaft und Zucker nach Packungsanleitung – aber nur 350 ml Apfelsaft – einen Guss zubereiten. Heidelbeeren vorsichtig unterheben. Die Heidelbeermasse auf die Mascarponecreme geben, glatt streichen und fest werden lassen.

7 Zum Verzieren Mascarpone mit Zucker und Milch verrühren. Die Tortenoberfläche damit verzieren. Torte etwa 2 Stunden kalt stellen. Vor dem Servieren Tortenring oder Springformrand entfernen.

Früchtekuchen „Kunterbunt"

Zubereitungszeit: 45 Min., ohne Abkühlzeit
Backzeit: etwa 30 Min.

Insgesamt:
E: 90 g, F: 217 g, Kh: 542 g, kJ: 21596, kcal: 5158

Für den Belag:

- **1 kleine Dose Pfirsichhälften (Abtropfgewicht 250 g)**
- **1 Glas Kaiserkirschen (Abtropfgewicht 400 g)**
- **1 Dose (12 Scheiben) Baby-Ananasscheiben (Abtropfgewicht 200 g)**
- **4 Kiwis**

Für den Teig:

- **200 g Weizenmehl**
- **1 Pck. Saucen-Pulver Vanille-Geschmack**
- **2 gestr. TL Backpulver**
- **175 g Zucker**
- **5 Eier (Größe M)**
- **½ Becher (75 g) Naturjoghurt**
- **150 g zerlassene, abgekühlte Butter oder Margarine**
- **100 g abgezogene, gemahlene Mandeln**

- **rote, gelbe und grüne Speisefarbe**

Für den Guss:

- **2 Pck. Tortenguss, klar**
- **500 ml (½ l) Fruchtsaft**

1 Für den Belag Pfirsichhälften, Kirschen und Ananasscheiben in einem Sieb gut abtropfen lassen. Den Saft dabei auffangen und 500 ml (½ l) davon abmessen. Kiwis schälen und in Scheiben schneiden.

2 Für den Teig Mehl mit Saucen-Pulver und Backpulver mischen, in eine verschließbare Schüssel (3-Liter-Inhalt) sieben, mit Zucker vermengen. Eier, Joghurt, Butter oder Margarine hinzufügen. Schüssel mit dem Deckel fest verschließen.

3 Mehrmals (insgesamt 15–30 Sekunden) kräftig schütteln, so dass alle Zutaten gut vermischt sind. Mandeln hinzugeben. Alles mit einem Schneebesen oder Rührlöffel nochmals sorgfältig durchrühren, damit vor allem trockene Zutaten vom Rand mit untergerührt werden.

4 Den Teig dritteln. Mit den Speisefarben jeweils ein Drittel rot, gelb und grün färben, dann in Klecksen auf ein Backblech (gefettet) geben und glatt streichen.

Jeden Teigklecks mit der passend farbigen Frucht belegen. (grün mit Kiwischeiben, rosa mit Kirschen, gelb mit Ananasscheiben und Pfirsichspalten). Das Backblech in den Backofen schieben.

Ober-/Unterhitze:
etwa 180 °C (vorgeheizt)
Heißluft: etwa 160 °C (vorgeheizt)
Gas: Stufe 2–3 (vorgeheizt)
Backzeit: etwa 30 Min.

5 Das Backblech auf einen Kuchenrost stellen. Den Kuchen erkalten lassen.

6 Für den Guss Tortengusspulver mit dem abgemessenen Fruchtsaft – aber ohne Zucker – nach Packungsanleitung zubereiten. Den Guss auf den Früchten verteilen. Guss fest werden lassen.

Stachelbeer-Schmand-Kuchen

Zubereitungszeit: 35 Min., ohne Kühlzeit
Backzeit: 20–25 Min.

Insgesamt:
E: 88 g, F: 494 g, Kh: 855 g, kJ: 36096, kcal: 8624

Für den Teig:
- **375 g Weizenmehl**
- **3 gestr. TL Backpulver**
- **200 g Zucker**
- **1 Pck. Finesse Amaretto-Bittermandel-Aroma**
- **1 Ei (Größe M)**
- **250 g zerlassene, abgekühlte Butter oder Margarine**
- **100 ml Amaretto-Likör**
- **100 g gehackte Zartbitterschokolade**

Für den Belag:
- **1 Glas Stachelbeeren (Abtropfgewicht 395 g)**
- **50 g Amarettini (italienisches Mandelgebäck)**

Für die Creme:
- **400 g Schmand (24 % Fett)**
- **150 g Gelierzucker (1:1-Produkt)**
- **500 ml (1/2 l) Schlagsahne**
- **Saft von 1 Zitrone**

Nach Belieben zum Verzieren:
- **aufgelöste Zartbitterschokolade**

1 Für den Teig Mehl mit Backpulver mischen, in eine verschließbare Schüssel (3-Liter-Inhalt) sieben, mit Zucker und Aroma vermengen. Ei, Butter oder Margarine und Likör hinzufügen. Schüssel mit dem Deckel fest verschließen.

2 Mehrmals (insgesamt 15–30 Sekunden) kräftig schütteln, so dass alle Zutaten gut vermischt sind. Schokolade hinzugeben. Alles mit einem Schneebesen oder Rührlöffel nochmals sorgfältig durchrühren, damit vor allem trockene Zutaten vom Rand mit untergerührt werden.

3 Den Teig auf ein Backblech (30 x 40 cm, gefettet, mit Backpapier belegt) geben und glatt streichen.

4 Für den Belag Stachelbeeren in einem Sieb gut abtropfen lassen. Stachelbeeren und Amarettini gleichmäßig auf dem Teig verteilen und leicht andrücken. Das Backblech in den Backofen schieben.

Ober-/Unterhitze: 180–200 °C (vorgeheizt)
Heißluft: 160–180 °C (vorgeheizt)
Gas: etwa Stufe 3 (vorgeheizt)
Backzeit: 20–25 Min.

5 Das Backblech auf einen Kuchenrost stellen. Kuchen erkalten lassen.

6 Für die Creme Schmand mit Gelierzucker gut verrühren. Sahne steif schlagen und zusammen mit dem Zitronensaft unter die Schmand-Masse heben. Die Hälfte der Creme in einen Spritzbeutel mit kleiner Lochtülle füllen. Restliche Creme auf die Stachelbeeren geben und glatt streichen. Die Creme aus dem Spritzbeutel in Streifen auf den Kuchen spritzen. Kuchen kalt stellen.

7 Nach Belieben den Kuchen mit aufgelöster Schokolade besprenkeln.

Apfel-Aprikosen-Kuchen

(1 Tasse ≙ 150 ml Inhalt)

Zubereitungszeit: 50 Min., ohne Kühlzeit
Backzeit: etwa 25 Min.

Insgesamt:
E: 105 g, F: 260 g, Kh: 665 g, kJ: 23415, kcal: 5595

Für den Teig:
- **3 Tassen (je 110 g) Weizenmehl**
- **3 gestr. TL Backpulver**
- **1 Tasse (150 g) Zucker**
- **4 Eier (Größe M)**
- **1 Pck. Finesse Geriebene Zitronenschale**
- **1 Tasse (150 ml) Apfelsaft**
- **1 Tasse (150 ml) Speiseöl**

Für die Füllung:
- **200 ml Apfelschorle oder Apfelsaft**
- **1 Pck. Tortenguss, klar**
- **1 TL Zucker**
- **1 Glas Apfel-Aprikosen-Dessert (Einwaage 710 g)**

Für den Belag:
- **200 ml Schlagsahne**
- **250 g Magerquark**
- **1 Pck. Quarkfein Vanille-Geschmack (Dessertpulver)**

Zum Bestreuen:
- **25 g gebräunte Kokosraspel**

1 Für den Teig Mehl mit Backpulver mischen, in eine verschließbare Schüssel (3-Liter-Inhalt) sieben, mit Zucker vermengen. Eier, Zitronenschale, Apfelsaft und Speiseöl hinzufügen. Schüssel mit dem Deckel fest verschließen.

2 Mehrmals (insgesamt 15–30 Sekunden) kräftig schütteln, so dass alle Zutaten gut vermischt sind. Alles mit einem Schneebesen oder Rührlöffel nochmals sorgfältig durchrühren, damit vor allem trockene Zutaten vom Rand mit untergerührt werden.

3 Den Teig auf ein Backblech (30 x 40 cm, gefettet, gemehlt) geben und glatt streichen. Vor den Teig einen mehrfach umgeknickten Streifen Alufolie legen. Das Backblech in den Backofen schieben.

Ober-/Unterhitze:
etwa 180 °C (vorgeheizt)
Heißluft: etwa 160 °C (vorgeheizt)
Gas: Stufe 2–3 (vorgeheizt)
Backzeit: etwa 25 Min.

4 Das Backblech auf einen Kuchenrost stellen und den Kuchen erkalten lassen.

5 Für die Füllung Apfelschorle oder Apfelsaft mit Tortengusspulver und Zucker nach Packungsanleitung zubereiten. Apfel-Aprikosen-Dessert unterrühren. Die Fruchtmasse auf dem Kuchen verteilen. Kuchen etwa 1 Stunde kalt stellen.

6 Für den Belag Sahne, Quark und Quarkfein nach Packungsanleitung zubereiten. Kuchen in Stücke schneiden und jeweils mit einem Teelöffel kleine Häufchen von der Quarkmasse auf die Kuchenstücke geben. Mit Kokosraspeln bestreuen. Kuchenstücke etwa 30 Minuten kalt stellen.

Schokoquadrate mit Physalis

Zubereitungszeit: 45 Min., ohne Abkühlzeit
Backzeit: etwa 30 Min.

Insgesamt:
E: 90 g, F: 343 g, Kh: 400 g, kJ: 21927, kcal: 5240

Zum Vorbereiten:
- **100 g Zartbitterschokolade**
- **200 g weiße Schokolade mit Crunch**

Für den Teig:
- **170 g Weizenmehl**
- **2 gestr. TL Backpulver**
- **1 EL Kakaopulver**
- **70 g Zucker**
- **3 Eier (Größe M)**
- **120 g zerlassene, abgekühlte Butter oder Margarine**
- **100 ml Milch**

Für den Belag:
- **1 Pck. (200 g) Doppelrahm-Frischkäse**
- **200 ml Schlagsahne**
- **1 EL gesiebter Puderzucker**
- **1 Pck. Sahnesteif**
- **25 g Physalis (Kapstachelbeeren)**

Nach Belieben zum Garnieren:
- **weiße, geschabte Schokolade**

1 Zum Vorbereiten Zartbitterschokolade in kleine Stücke brechen, in einem kleinen Topf im Wasserbad bei schwacher Hitze zu einer geschmeidigen Masse verrühren. Weiße Schokolade fein hacken.

2 Für den Teig Mehl mit Backpulver und Kakao mischen, in eine verschließbare Schüssel (3-Liter-Inhalt) sieben, mit Zucker vermengen. Eier, Butter oder Margarine, aufgelöste Zartbitterschokolade und Milch hinzufügen. Schüssel mit dem Deckel fest verschließen.

3 Mehrmals (insgesamt 15–30 Sekunden) kräftig schütteln, so dass alle Zutaten gut vermischt sind. Gehackte, weiße Schokolade hinzugeben. Alles mit einem Schneebesen oder Rührlöffel nochmals sorgfältig durchrühren, damit vor allem trockene Zutaten vom Rand mit untergerührt werden.

4 Einen Backrahmen (25 x 25 cm) auf ein Backblech (mit Backpapier belegt) setzen. Den Teig in den Backrahmen geben und glatt streichen. Das Backblech in den Backofen schieben.

Ober-/Unterhitze: etwa 180 °C (vorgeheizt)
Heißluft: etwa 160 °C (vorgeheizt)
Gas: Stufe 2–3 (vorgeheizt)
Backzeit: etwa 30 Min.

5 Das Backblech auf einen Kuchenrost stellen. Kuchen erkalten lassen. Dann Backrahmen entfernen und den Kuchen in Quadrate (5 x 5 cm) schneiden.

6 Für den Belag Frischkäse und Sahne mit Handrührgerät mit Rührbesen auf höchster Stufe 1/2 Minute schlagen. Puderzucker mit Sahnesteif mischen und einrieseln lassen. Sahnemasse cremig schlagen und esslöffelweise auf je ein Gebäck-Quadrat geben.

7 Zum Garnieren die Hüllen der Kapstachelbeeren öffnen und über der Frucht zusammendrehen. Je eine Stachelbeere auf die Sahnecreme geben.

8 Nach Belieben mit Schokoladenlocken garnieren.

Drei auf einen Streich

Zubereitungszeit: 50 Min.
Backzeit: etwa 25 Min.

Insgesamt:
E: 112 g, F: 283 g, Kh: 680 g, kJ: 25007, kcal: 5976

Für den Teig:

- **350 g Weizenmehl**
- **4 gestr. TL Backpulver**
- **125 g Zucker**
- **2 Pck. Vanillin-Zucker**
- **4 Eier (Größe M)**
- **125 g zerlassene, abgekühlte Butter oder Margarine**
- **150 g Naturjoghurt (cremig gerührt)**

Für den Streuselbelag:

- **75 g Weizenmehl**
- **75 g Knusper-Schoko mit Alpenvollmilchschokolade (Müsli)**
- **50 g brauner Zucker**
- **50 g Butter**

Für den Mangobelag:

- **1 kleine Dose Mango, in Scheiben (Abtropfgewicht 225 g)**
- **100 g Wild-Preiselbeeren**

Für den Rosinenbelag:

- **50 g Rum-Rosinen**
- **25 g abgezogene, gemahlene Mandeln**
- **40 g abgezogene, gehobelte Mandeln**
- **40 g Marzipan-Rohmasse**
- **25 g Butterflöckchen**

Zum Bestreichen:

- **25 g zerlassene Butter**

Zum Bestäuben:

- **Puderzucker**

1 Für den Teig Mehl mit Backpulver mischen, in eine verschließbare Schüssel (3-Liter-Inhalt) sieben, mit Zucker und Vanillin-Zucker vermengen. Eier, Butter oder Margarine und Joghurt hinzufügen. Schüssel mit dem Deckel fest verschließen.

2 Mehrmals (insgesamt 15–30 Sekunden) kräftig schütteln, so dass alle Zutaten gut vermischt sind. Alles mit einem Schneebesen oder Rührlöffel nochmals sorgfältig durchrühren, damit vor allem trockene Zutaten vom Rand mit untergerührt werden.

3 Den Teig auf ein Backblech (30 x 40 cm, gefettet) geben und glatt streichen.

4 Für den Streuselbelag Mehl in eine Schüssel sieben, mit Knusper-Schoko, Zucker und Butter zu Streuseln von gewünschter Größe verarbeiten. Streusel auf ein Drittel des Teiges streuen.

5 Für den Mangobelag die Mangos in einem Sieb gut abtropfen lassen. Mangos in Spalten schneiden und auf das zweite Drittel des Teiges legen. Wild-Preiselbeeren mit einem Teelöffel in die Zwischenräume zwischen den Mangos füllen.

6 Für den Rosinenbelag Rosinen mit den gemahlenen und gehobelten Mandeln mischen. Marzipan-Rohmasse in kleine Würfel schneiden und hinzufügen. Die Rosinen-Mandeln-Marzipan-Mischung auf das letzte Drittel des Teiges streuen. Butterflöckchen auf dem Rosinenbelag verteilen. Das Backblech in den Backofen schieben.

Ober-/Unterhitze:
etwa 180 °C (vorgeheizt)
Heißluft: etwa 160 °C (vorgeheizt)
Gas: Stufe 2–3 (vorgeheizt)
Backzeit: etwa 25 Min.

7 Das Backblech auf einen Kuchenrost stellen. Kuchen erkalten lassen. Den Rosinenkuchen mit Butter bestreichen und mit Puderzucker bestäuben.

Apfelkuchen auf dem Blech

Zubereitungszeit: 45 Min.
Backzeit 30–40 Min.

Insgesamt:
E: 99 g, F: 235 g, Kh: 648 g,
kJ: 22350, kcal: 5335

Für den Teig:
- **300 g Weizenmehl**
- **1 Pck. Backpulver**
- **150 g Zwiebackbrösel**
- **150 g gesiebter Puderzucker**
- **5 Eier (Größe M)**
- **200 g zerlassene, abgekühlte Butter oder Margarine**
- **250 ml (1/4 l) naturtrüber Apfelsaft**

Für den Belag:
- **1,5 kg Äpfel, z. B. Boskop**
- **30 g abgezogene, gestiftelte Mandeln**

Zum Bestäuben:
- **Puderzucker**

1 Für den Teig Mehl mit Backpulver mischen, in eine verschließbare Schüssel (3-Liter-Inhalt) sieben, mit Zwiebackbröseln und Puderzucker vermengen. Eier, Butter oder Margarine und Apfelsaft hinzufügen. Schüssel mit dem Deckel fest verschließen.

2 Mehrmals (insgesamt 15–30 Sekunden) kräftig schütteln, so dass alle Zutaten gut vermischt sind. Alles mit einem Schneebesen oder Rührlöffel nochmals sorgfältig durchrühren, damit vor allem trockene Zutaten vom Rand mit untergerührt werden.

3 Den Teig auf ein Backblech (30 x 40 cm, gefettet) geben un[d] glatt streichen.

4 Für den Belag Äpfel schälen, vierteln, entkernen, in Spalten schneiden und dachziegelartig auf dem Teig verteilen. Apfelspalten mit Mandeln bestreuen. Das Backblech in den Backofen schieben.

Ober-/Unterhitze:
180–200 °C (vorgeheizt)
Heißluft: 160–180 °C
(nicht vorgeheizt)
Gas: etwa Stufe 3 (nicht vorgeheiz[t])
Backzeit: 30–40 Minuten.

5 Das Backblech auf einen Kuchenrost stellen. Kuchen erkalten lassen und mit Puderzucker bestäuben.

Tipp:
Die Äpfel vor dem Backen mit Streuseln bestreuen (Streuselrezept Pfirsich-Kokos-Kuchen Seite 34, doppelte Menge zubereiten).

Sirupkuchen mit Pekannusskernen

Zubereitungszeit: 30 Min., ohne Abkühlzeit
Backzeit: etwa 25 Min.

Insgesamt:
E: 84 g, F: 275 g, Kh: 545 g, kJ: 21589, kcal: 5156

Für den Teig:

- **250 g Weizenmehl**
- **3 gestr. TL Backpulver**
- **75 g Zucker**
- **1 Fläschchen Rum-Aroma**
- **125 g Zuckerrübensirup (Rübenkraut)**
- **125 g heller Sirup**
- **3 Eier (Größe M)**
- **100 ml Speiseöl, z. B. Rapsöl**
- **75 ml Milch**
- **200 g Pekannusskerne**
- **100 g Weinbeeren (große Rosinen)**

Für den Guss:

- **50 g Halbbitter-Kuvertüre**

1 Für den Teig Mehl mit Backpulver mischen, in eine verschließbare Schüssel (3-Liter-Inhalt) sieben, mit Zucker vermengen. Aroma, beide Sirupsorten, Eier, Speiseöl und Milch hinzufügen. Schüssel mit dem Deckel fest verschließen.

2 Mehrmals (insgesamt 15–30 Sekunden) kräftig schütteln, so dass alle Zutaten gut vermischt sind. Alles mit einem Schneebesen oder Rührlöffel nochmals sorgfältig durchrühren, damit vor allem trockene Zutaten vom Rand mit untergerührt werden.

3 Pekannusskerne (16 Nusskerne beiseite legen) und Weinbeeren grob hacken. Zwei Drittel der Nuss-Weinbeeren-Mischung unter den Teig rühren. Den Teig auf ein Backblech (30 x 40 cm, gefettet, gemehlt) streichen. Vor den Teig einen mehrfach umgeknickten Streifen Alufolie legen. Den Teig mit der restlichen Nuss-Weinbeeren-Mischung bestreuen. Das Backblech in den Backofen schieben.

Ober-/Unterhitze:
etwa 180 °C (vorgeheizt)
Heißluft: etwa 160 °C (vorgeheizt)
Gas: Stufe 2–3 (vorgeheizt)
Backzeit: etwa 25 Min.

4 Das Backblech auf einen Kuchenrost stellen. Kuchen erkalten lassen. Anschließend in 16 Rechtecke schneiden. Die Rechtecke diagonal halbieren, so dass 32 Dreiecke entstehen.

5 Für den Guss Kuvertüre in kleine Stücke hacken, in einem kleinen Topf im Wasserbad bei schwacher Hitze zu einer geschmeidigen Masse verrühren. Kuvertüre in ein Pergamentpapiertütchen füllen, eine kleine Spitze abschneiden. Die Dreiecke mit der Kuvertüre verzieren. Dreiecke mit je einer halbierten Nus[s] belegen.

Apfel-Möhren-Kuchen

Zubereitungszeit: 50 Min.
Backzeit: etwa 25 Min.

Insgesamt:
E: 71 g, F: 183 g, Kh: 497 g,
kJ: 17215, kcal: 4110

Für den Teig:
- **300 g Weizenmehl**
- **4 gestr. TL Backpulver**
- **125 g Zucker**
- **1 Pck. Vanillin-Zucker**
- **1 Pck. Finesse Geriebene Zitronenschale**
- **3 Eier (Größe M)**
- **125 ml (1/8 l) Karottensaft mit Honig und Zitronensaft**
- **125 ml (1/8 l) Speiseöl**

Für den Belag:
- **750 g mittelgroße Äpfel**
- **einige ganze, abgezogene Mandeln**
- **2 EL Rum-Rosinen**
- **1 EL Erdbeerkonfitüre**

Zum Bestreuen:
- **50 g abgezogene, gehobelte Mandeln**

Zum Bestäuben:
- **25 g Puderzucker**

1 Für den Teig Mehl mit Backpulver mischen, in eine verschließbare Schüssel (3-Liter-Inhalt) sieben, mit Zucker, Vanillin-Zucker und Zitronenschale vermengen. Eier, Karottensaft und Speiseöl hinzufügen. Schüssel mit dem Deckel fest verschließen.

2 Mehrmals (insgesamt 15–30 Sekunden) kräftig schütteln, so dass alle Zutaten gut vermischt sind. Alles mit einem Schneebesen oder Rührlöffel nochmals sorgfältig durchrühren, damit vor allem trockene Zutaten vom Rand mit untergerührt werden.

3 Den Teig auf ein Backblech (30 x 40 cm, gefettet, gemehlt) geben und glatt streichen. Vor den Teig einen mehrmals geknickten Streifen Alufolie legen.

4 Für den Belag Äpfel schälen, mit einem Apfelausstecher das Kerngehäuse entfernen. Die Äpfel in etwa 1 cm dicke Scheiben schneiden. Apfelscheiben auf den Teig legen. Die Löcher der Apfelscheiben abwechselnd mit je 1 Mandel und den Rosinen füllen oder mit Konfitüre füllen. Die gehobelten Mandeln auf den Teig streuen.

5 Die Apfelscheiben mit Puderzucker bestäuben. Das Backblech in den Backofen schieben.

Ober-/Unterhitze:
etwa 180 °C (vorgeheizt)
Heißluft: etwa 160 °C (vorgeheizt)
Gas: Stufe 2–3 (vorgeheizt)
Backzeit: etwa 25 Min.

6 Das Backblech auf einen Kuchenrost stellen. Kuchen erkalten lassen.

Eierschecke mit Frischkäse

Zubereitungszeit: 40 Min., ohne Teiggehzeit
Backzeit: 20–30 Min.

Insgesamt:
E: 146 g, F: 437 g, Kh: 554 g, kJ: 29254, kcal: 6987

Für den Teig:
- **300 g Weizenmehl**
- **1 Pck. Hefeteig Garant**
- **75 g Zucker**
- **100 ml Speiseöl**
- **200 ml Milch**

Für den Belag:
- **600 g Doppelrahm-Frischkäse**
- **1 Ei (Größe M)**
- **100 g Zucker**
- **1 Pck. Bourbon-Vanille-Zucker**
- **1 geh. EL Speisestärke**

Für den Guss:
- **3 Eier (Größe M)**
- **100 g Zucker**
- **1 geh. EL Speisestärke**
- **100 g zerlassene, abgekühlte Butter**

Zum Bestreuen:
- **50 g abgezogene, gehobelte Mandeln**

1 Für den Teig Mehl in eine verschließbare Schüssel (3-Liter-Inhalt) sieben, mit Hefeteig Garant und Zucker mischen. Speiseöl und Milch hinzufügen. Schüssel mit dem Deckel fest verschließen.

2 Mehrmals (insgesamt 15–30 Sekunden) kräftig schütteln, so dass alle Zutaten gut vermischt sind. Alles mit einem Schneebesen oder Rührlöffel nochmals sorgfältig durchrühren, damit vor allem trockene Zutaten vom Rand mit untergerührt werden.

3 Den Teig mit bemehlten Händen auf ein Backblech (30 x 40 cm, gefettet) drücken (evtl. Teig mit einer Teigrolle ausrollen).

4 Für den Belag Frischkäse, Ei, Zucker, Vanille-Zucker und Speisestärke mit einem Schneebesen gut verrühren. Die Frischkäsemasse gleichmäßig auf den Teigboden streichen. Einen Backrahmen darumstellen.

5 Für den Guss Eier, Zucker, Speisestärke und Butter mit einem Schneebesen gut verrühren, auf die Frischkäsemasse geben und glatt streichen. Mit Mandeln bestreuen. Den Teig 15 Minuten ruhen lassen. Das Backblech in den Backofen schieben.

Ober-/Unterhitze:
etwa 200 °C (vorgeheizt)
Heißluft: etwa 180 °C (vorgeheizt)
Gas: Stufe 3–4 (vorgeheizt)
Backzeit: 20–30 Min.

6 Das Backblech auf einen Kuchenrost stellen. Kuchen erkalten lassen.

Tipp:
Die Eierschecke kann auch in einer Fettfangschale gebacken werden. Für den Käsebelag anstelle von 600 g Doppelrahm-Frischkäse können auch 300 g Doppelrahm-Frischkäse und 250 g Magerquark verwendet werden.

Physalis-Pfirsich-Kuchen

Zubereitungszeit: 35 Min., ohne Kühlzeit
Backzeit: 15–20 Min.

Insgesamt:
E: 74 g, F: 187 g, Kh: 539 g, kJ: 17954, kcal: 4285

Für den Teig:
- **250 g Weizenmehl**
- **2 gestr. TL Backpulver**
- **200 g Puderzucker**
- **3 Eier (Größe M)**
- **200 ml Multivitaminsaft**
- **125 ml (1/8 l) Speiseöl**

Für die Creme:
- **2 Pck. Paradiescreme Zitronen-Geschmack**
- **400 ml Milch**
- **250 g griechischer Sahnejoghurt**

Für den Belag:
- **20 Physalis ohne Hüllen (Kapstachelbeeren)**
- **4 reife Pfirsiche**

Für den Guss:
- **2 Pck. Tortenguss, klar**
- **4 EL Zucker**
- **500 ml (1/2 l) Wasser oder Apfelsaft**

1 Für den Teig Mehl mit Backpulver und Puderzucker mischen, in eine verschließbare Schüssel (3-Liter-Inhalt) sieben. Eier, Multivitaminsaft und Speiseöl hinzufügen. Schüssel mit dem Deckel fest verschließen.

2 Mehrmals (insgesamt 15–30 Sekunden) kräftig schütteln, so dass alle Zutaten gut vermischt sind. Alles mit einem Schneebesen oder Rührlöffel nochmals sorgfältig durchrühren, damit vor allem trockene Zutaten vom Rand mit untergerührt werden.

3 Den Teig in eine Fettfangschale (30 x 40 cm, gefettet, gemehlt) geben und glatt streichen. Die Fettfangschale in den Backofen schieben.

Ober-/Unterhitze:
etwa 180 °C (vorgeheizt)
Heißluft: etwa 160 °C (vorgeheizt)
Gas: Stufe 2–3 (vorgeheizt)
Backzeit: 15–20 Min.

4 Die Fettfangschale auf einen Kuchenrost stellen. Die Gebäckplatte erkalten lassen.

5 Für die Creme Paradiescreme mit Milch nach Packungsanleitung – aber nur mit 400 ml Milch – zubereiten. Joghurt unterrühren. Die Creme auf der Gebäckplatte verteilen. Den Kuchen etwa 1 Stunde kalt stellen, bis die Creme fest geworden ist.

6 Für den Belag Physalis waschen, trockentupfen und halbieren. Pfirsiche waschen, trockentupfen, halbieren, entsteinen und in feine Spalten schneiden. Physalis- und Pfirsichspalten auf der Creme verteilen.

7 Für den Guss Tortengusspulver mit Zucker und Wasser oder Apfelsaft nach Packungsanleitung zubereiten. Den Guss vorsichtig auf den Früchten verteilen. Guss fest werden lassen.

Kirsch-Schoko-Kuchen

Zubereitungszeit: 30 Min.
Backzeit: etwa 20 Min.

Insgesamt:
E: 77 g, F: 175 g, Kh: 531 g, kJ: 17483, kcal: 4176

Für den Teig:

- **300 g Weizenmehl**
- **3 gestr. TL Backpulver**
- **100 g Zucker**
- **5 Tropfen Butter-Vanille-Aroma**
- **4 Eier (Größe M)**
- **150 g zerlassene, abgekühlte Butter oder Margarine**
- **100 ml Ahornsirup**

Für den Belag:

- **1 Glas Sauerkirschen (Abtropfgewicht 370 g)**
- **75 g knusprig gerösteter Weizen mit Kakao (Frühstückscerealien)**
- **25 g abgezogene, gestiftelte Mandeln**

Zum Bestäuben:

- **Puderzucker**

1 Für den Teig Mehl mit Backpulver mischen, in eine verschließbare Schüssel (3-Liter-Inhalt) sieben, mit Zucker vermengen. Aroma, Eier, Butter oder Margarine und Ahornsirup hinzufügen. Schüssel mit dem Deckel fest verschließen.

2 Mehrmals (insgesamt 15–30 Sekunden) kräftig schütteln, so dass alle Zutaten gut vermischt sind. Alles mit einem Schneebesen oder Rührlöffel nochmals sorgfältig durchrühren, damit vor allem trockene Zutaten vom Rand mit untergerührt werden.

3 Den Teig auf ein Backblech (30 x 40 cm, gefettet) geben und glatt streichen.

4 Für den Belag Sauerkirschen in einem Sieb gut abtropfen lassen. Sauerkirschen auf dem Teig verteilen, mit geröstetem Weizen und Mandeln bestreuen. Das Backblech in den Backofen schieben.

Ober-/Unterhitze:
etwa 180 °C (vorgeheizt)
Heißluft: etwa 160 °C (vorgeheizt)
Gas: Stufe 2–3 (vorgeheizt)
Backzeit: etwa 20 Min.

5 Das Backblech auf einen Kuchenrost stellen. Kuchen erkalten lassen, mit Puderzucker bestäuben und in Stücke schneiden.

Tipp:
Falls keine große Schüssel vorhanden ist, können Sie die Zutaten in einer Schüssel mit einem Schneebesen oder Rührlöffel verrühren und wie ab Punkt 3 beschrieben weiterverarbeiten.

Erdbeer-Joghurt-Törtchen

Zubereitungszeit: 45 Min., ohne Kühlzeit
Backzeit: etwa 15 Min., je Backblech.

Insgesamt:
E: 47 g, F: 115 g, Kh: 356 g, kJ: 11526, kcal: 2750

Für den Teig:
- **125 g Weizenmehl**
- **1 gestr. TL Backpulver**
- **75 g Zucker**
- **1 Pck. Vanillin-Zucker**
- **2 Eier (Größe M)**
- **100 g zerlassene, abgekühlte Butter oder Margarine**
- **3 EL Milch**
- **4 Erdbeer-Joghurt-Riegel (50 g)**

Für den Belag:
- **300 g frische Erdbeeren**
- **2 Becher (300 g) Naturjoghurt**
- **1 Pck. Quarkfein Erdbeer-Geschmack (Dessertpulver)**

Zum Garnieren:
- **einige Erdbeer-Joghurt-Riegel**
- **Minzeblättchen**

Zum Bestäuben:
- **Puderzucker**

1 Für den Teig Mehl mit Backpulver mischen, in eine verschließbare Schüssel (3-Liter-Inhalt) sieben, mit Zucker und Vanillin-Zucker vermengen. Eier, Butter oder Margarine und Milch hinzufügen. Schüssel mit dem Deckel fest verschließen.

2 Mehrmals (insgesamt 15–30 Sekunden) kräftig schütteln, so dass alle Zutaten gut vermischt sind. Erdbeer-Joghurt-Riegel in kleine Würfel schneiden und hinzugeben. Alles mit einem Schneebesen oder Rührlöffel nochmals sorgfältig durchrühren, damit vor allem trockene Zutaten vom Rand mit untergerührt werden.

3 Mit einem Esslöffel insgesamt 12 Teighäufchen (nicht zu dicht) auf 2 Backbleche (gefettet, mit Backpapier belegt) setzen. Die Backbleche nacheinander (bei Heißluft zusammen) in den Backofen schieben.

Ober-/Unterhitze: etwa 180 °C (vorgeheizt)
Heißluft: etwa 160 °C (vorgeheizt)
Gas: Stufe 2–3 (vorgeheizt)
Backzeit: etwa 15 Min., je Backblech.

4 Das Gebäck vom Backpapier lösen und einzeln auf einem Kuchenrost erkalten lassen.

5 Für den Belag Erdbeeren waschen, abtropfen lassen, entstielen und in kleine Würfel schneiden (3–4 Erdbeeren zum Garnieren beiseite stellen).

6 Joghurt mit Quarkfein nach Packungsanleitung verrühren, Erdbeerwürfel unterheben.

7 Sechs Gebäckstücke mit je 2 Esslöffeln der Erdbeermasse bestreichen und mit den restlichen 6 Gebäckstücke belegen. Restliche Erdbeermasse darauf verteilen.

8 Zum Garnieren die Törtchen mit den zurückgelassenen, in Scheiben geschnittenen Erdbeeren und den in Scheiben geschnittenen Erdbeer-Joghurt-Riegeln garnieren. Die Törtchen etwa 30 Minuten kalt stellen.

9 Die Törtchen vor dem Servieren mit Minzeblättchen belegen und mit Puderzucker bestäuben.

Exotic-Muffins

Zubereitungszeit: 40 Min.
Backzeit: etwa 30 Min.

Insgesamt:
E: 45 g, F: 94 g, Kh: 542 g,
kJ: 13823, kcal: 3303

Für den Teig:

- **1 Becher (250 ml [1/4 l]) Schlagsahne**
- **1 Becher (150 g) Weizenmehl**
- **1 gestr. TL Backpulver**
- **1/2 Becher (100 g) brauner Zucker**
- **1 Pck. Bourbon-Vanille-Zucker**
- **2 Eier (Größe M)**
- **1/2 Becher (125 ml [1/8 l]) Ahornsirup**
- **1/2 Becher (50 g) Semmelbrösel**
- **11/2 Becher (200 g) Exotic Mix (Tropische Fruchtmischung)**

Für den Belag:

- **1 Apfel**
- **2 EL brauner Zucker**

1 Für den Teig Sahne in eine verschließbare Schüssel (3-Liter-Inhalt) geben. Becher auswaschen und trocknen. Mehl mit Backpulver mischen, sieben, mit Zucker und Vanille-Zucker vermengen, zusammen mit Eiern und Sirup zu der Sahne geben. Schüssel mit dem Deckel fest verschließen.

2 Mehrmals (insgesamt 15–30 Sekunden) kräftig schütteln, so dass alle Zutaten gut vermischt sind. Semmelbrösel und zwei Drittel von der Fruchtmischung (grob gehackt) hinzufügen. Alles mit einem Schneebesen oder Rührlöffel nochmals sorgfältig durchrühren, damit vor allem trockene Zutaten vom Rand mit untergerührt werden.

3 Den Teig in eine Muffinform (für 12 Muffins, gefettet, gemehlt) füllen.

4 Für den Belag Apfel schälen, mit einem Apfelausstecher das Kerngehäuse entfernen und in 12 Scheiben schneiden. Den Teig zuerst mit der restlichen Fruchtmischung (grob gehackt) bestreuen. Apfelscheiben darauf legen und mit Zucker bestreuen. Die Form auf dem Rost in den Backofen schieben.

Ober-/Unterhitze:
etwa 200 °C (vorgeheizt)
Heißluft: etwa 180 °C (vorgeheizt)
Gas: Stufe 3–4 (vorgeheizt)
Backzeit: etwa 30 Min.

5 Die Muffins 10 Minuten in der Form stehen lassen, dann aus der Form lösen und auf einem Kuchenrost erkalten lassen.

Tipp:
Papierbackförmchen in die ungefettete, nicht gemehlte Muffinsform stellen oder den Teig in 24 zweifach ineinander gestellte Papierförmchen füllen.

Nektarinen-Muffins

(1 Tasse ≙ 150 ml Inhalt)

Zubereitungszeit: 40 Min., ohne Abkühlzeit
Backzeit: etwa 30 Min.

Insgesamt:
E: 39 g, F: 105 g, Kh: 249 g, kJ: 9102, kcal: 2174

Für den Teig:
- **3 Tassen kleine Weißbrotwürfel oder 70 g Brötchen vom Vortag**
- **½ Tasse (75 g) Zucker**
- **1 Pck. Vanillin-Zucker**
- **knapp 1 Tasse (75 g) Weizenmehl**
- **1 gestr. TL Backpulver**
- **2 Eier (Größe M)**
- **1 Becher (200 ml) Schlagsahne**
- **2 Tassen (200 g) in kleine Würfel geschnittene Nektarinen (etwa 4 Stück)**

Für den Belag:
- **1 Nektarine**
- **25 g Butter**

Zum Bestreuen:
- **etwas Zimt-Zucker**
- **1 EL abgezogene, gestiftelte Mandeln**

Für den Guss:
- **2 EL Himbeer- oder Johannisbeergelee**

1 Für den Teig Weißbrot- oder Brötchenwürfel in eine verschließbare Schüssel (3-Liter-Inhalt) geben, mit Zucker, Vanillin-Zucker, Mehl und Backpulver mischen. Eier und Sahne hinzufügen. Schüssel mit dem Deckel fest verschließen.

2 Mehrmals (insgesamt 15–30 Sekunden) kräftig schütteln, so dass alle Zutaten gut vermischt sind. Alles mit einem Schneebesen oder Rührlöffel nochmals sorgfältig durchrühren, damit vor allem trockene Zutaten vom Rand mit untergerührt werden. Nektarinenwürfel vorsichtig unterheben.

3 Den Teig in eine Muffinform (für 12 Muffins, gefettet) füllen.

4 Für den Belag Nektarine waschen, trockentupfen, halbieren, entsteinen und in 12 Spalten schneiden. Den Teig mit den Nektarinenspalten belegen. Butterflöckchen darauf setzen und mit Zimt-Zucker und Mandeln bestreuen. Die Form auf dem Rost in den Backofen schieben.

Ober-/Unterhitze:
etwa 180 °C (vorgeheizt)
Heißluft: etwa 160 °C (vorgeheizt)
Gas: Stufe 2–3 (vorgeheizt)
Backzeit: etwa 30 Min.

5 Die Muffins 10 Minuten in der Form stehen lassen, dann vorsichtig aus der Form lösen. Muffins auf einem Kuchenrost erkalten lassen.

6 Für den Guss Himbeer- oder Johannisbeergelee in einem kleinen Topf unter Rühren aufkochen lassen. Das Gelee mit einem Teelöffel auf den Muffins verteilen.

Bananen-Muffins mit Cornflakes

Zubereitungszeit: 45 Min., ohne Abkühlzeit
Backzeit: etwa 30 Min.

Insgesamt:
E: 53 g, F: 97 g, Kh: 342 g, kJ: 10693, kcal: 2556

Für den Teig:

- **125 g Weizenmehl**
- **1 1/2 gestr. TL Backpulver**
- **100 g Rohrzucker**
- **3 Eier (Größe M)**
- **1 Pck. Finesse Geriebene Zitronenschale oder Finesse Orangenfrucht**
- **75 g zerlassene, abgekühlte Butter oder Margarine**
- **125 g saure Sahne**
- **2 Bananen**
- **1 EL Zitronensaft**
- **100 g zerdrückte Cornflakes**

Zum Bestreuen:

- **2 EL Cornflakes**
- **1 geh. TL Rohrzucker**

Nach Belieben zum Verzieren und Garnieren:

- **aufgelöste Zartbitter-schokolade**
- **Bananenscheiben**

1 Für den Teig Mehl mit Backpulver mischen, in eine verschließbare Schüssel (3-Liter-Inhalt) sieben, mit Zucker vermengen. Eier, Zitronenschale oder Orangenfrucht, Butter oder Margarine und Sahne hinzufügen. Schüssel mit dem Deckel fest verschließen. Mehrmals (insgesamt 15–30 Sekunden) kräftig schütteln, so dass alle Zutaten gut vermischt sind. Alles mit einem Schneebesen oder Rührlöffel nochmals sorgfältig durchrühren, damit vor allem trockene Zutaten vom Rand mit untergerührt werden.

2 Bananen schälen, Zitronensaft hinzufügen, mit einer Gabel zerdrücken und mit den Cornflakes unter den Teig rühren.

3 Den Teig in eine Muffinform (für 12 Muffins, gefettet, gemehlt) füllen.

4 Zum Bestreuen Cornflakes leicht zerdrücken und mit Zucker mischen. Cornflakes-Zucker-Mischung auf den Teig streuen. Die Form auf dem Rost in den Backofen schieben.

Ober-/Unterhitze:
180–200 °C (vorgeheizt)
Heißluft: 160–180 °C (vorgeheizt)
Gas: etwa 3 (vorgeheizt)
Backzeit: etwa 30 Min.

5 Die Muffins 10 Minuten in der Form stehen lassen, dann aus der Form lösen und auf einem Kuchenrost erkalten lassen.

6 Nach Belieben die Muffins mit aufgelöster Schokolade verzieren und mit Bananenscheiben garnieren.

Buttermilchwaffeln

Zubereitungszeit: 65 Min., ohne Abkühlzeit

Insgesamt:
E: 68 g, F: 116 g, Kh: 471 g, kJ: 13928, kcal: 3328

Für den Teig:

- **275 g Weizenmehl**
- **50 g Speisestärke**
- **2 gestr. TL Backpulver**
- **100 g Zucker**
- **1 Pck. Vanillin-Zucker**
- **1 Pck. Finesse Orangenfrucht**
- **75 ml Speiseöl**
- **500 ml (1/2 l) Frucht-Buttermilch Multivitamin**

Für den Belag:

- **1 Pck. Saucen-Pulver Vanille-Geschmack, ohne Kochen**
- **125 ml (1/8 l) Orangensaft**
- **250 g Ricotta**

Nach Belieben zum Garnieren:

- **Orangenfilets**
- **Orangenschale**

1 Für den Teig Mehl mit Speisestärke und Backpulver mischen, in eine verschließbare Schüssel (3-Liter-Inhalt) sieben, mit Zucker, Vanillin-Zucker und Orangenfrucht vermengen. Öl und Buttermilch hinzufügen. Schüssel mit dem Deckel fest verschließen.

2 Mehrmals (insgesamt 15–30 Sekunden) kräftig schütteln, so dass alle Zutaten gut vermischt sind. Alles mit einem Schneebesen oder Rührlöffel nochmals sorgfältig durchrühren, damit vor allem trockene Zutaten vom Rand mit untergerührt werden.

3 Je 2-3 Esslöffel Teig in ein gut erhitztes Waffeleisen (gefettet) füllen. Die Waffeln goldbraun backen, einzeln auf einem Kuchenrost erkalten lassen.

4 Für den Belag Saucenpulver mit Orangensaft nach Packungsanleitung zubereiten.

5 Ricotta mit zwei Drittel der Orangenflüssigkeit geschmeidig rühren. 1 Esslöffel der Masse auf jede Waffel geben und mit der restlichen Orangenflüssigkeit beträufeln.

6 Die Waffeln nach Belieben mit Orangenfilets und -schalen garnieren. Die Waffeln sofort servieren.

Tipp:
Heiße Waffeln nur mit Puderzucker bestäubt sofort servieren.

Alphabetisches Register

Themenregister

uchen aus der Form

orten

uchen vom Blech

Kleingebäck

Kuchen, Torten & Kleingebäck mit Früchten

In dieser Reihe sind bisher außerdem erschienen: *Modemuffins* und *Modeplätzchen*. Sie erhalten diese Bücher im Buchhandel.

Umwelthinweis
Dieses Buch und der Einband wurden auf chlorfrei gebleichtem Papier gedruckt. Die Einschrumpffolie – zum Schutz vor Verschmutzung – ist aus umweltfreundlichem und recyclingfähigem PE-Material.

Wenn Sie Rezeptanregungen, Vorschläge oder Fragen zu unseren Büchern haben, rufen Sie uns unter folgender Nummer an (05 21) 1 55 25 80 oder 52 06 50 oder schreiben Sie uns:
Dr. Oetker Verlag KG, Redaktion, Am Bach 11, 33602 Bielefeld.

Bei den in diesem Buch verwendeten Rezeptnamen handelt es sich zum Teil um eingetragene Marken.

Wir danken für die freundliche Unterstützung
Bahlsen, Hannover
Kraft Foods, Bremen
Masterfoods, Viersen
Nestlé Deutschland AG, Frankfurt/Main
August Storck, Berlin

Copyright © 2001 by Dr. Oetker Verlag KG, Bielefeld

Redaktion Carola Reich, Annette Riesenberg

Titelfotos Thomas Diercks, Hamburg
Innenfotos Thomas Diercks, Hamburg

Rezeptentwicklung und -beratung
Claudia Glünz-Wunder, Nordhorn
Eike Upmeier-Lorenz, Herford
Mechthild Plogmaker, Versuchsküche Dr. Oetker, Bielefeld

Grafisches Konzept Björn Carstensen, Hamburg
Gestaltung MDH Haselhorst, Bielefeld
Einbandgestaltung KonturDesign GmbH, Bielefeld

Reproduktionen Kruse Reproduktionen GmbH, Vreden
Satz JUNFERMANN Druck & Service, Paderborn
Druck MOHN Media • Mohndruck GmbH, Gütersloh

Die Autoren haben dieses Buch nach bestem Wissen und Gewissen erarbeitet. Alle Rezepte, Tipps und Ratschläge sind mit Sorgfalt ausgewählt und geprüft. Eine Haftung des Verlages und seiner Beauftragten für alle erdenklichen Schäden an Personen, Sach- und Vermögensgegenständen ist ausgeschlossen.

Nachdruck, auch auszugsweise, nur mit unserer ausdrücklichen Genehmigung und mit Quellenangabe gestattet.

ISBN 3-7670-0622-7